이렇게
예수 그리스도의
제자가 되자

이렇게 예수 그리스도의 제자가 되자

지 은 이   홍성철
발 행 인   홍성철
초판 1쇄   2004년·6월 10일
초판 2쇄   2005년 2월 28일
발 행 처   도서출판 **세 복**
주   소   서울특별시 중랑구 면목5동 149-6 한밀빌딩 301호
               Tel. (02) 448-5562
               홈페이지: http://www.saebok.net
               E-Mail: werchelper@hanmail.net
등록번호   제1-1800호 (1994년 10월 29일)
총 판 처   예영커뮤니케이션
               Tel (02) 766-7912, Fax (02) 766-8934
I S B N   89-86424-69-X   03230

값 7,000원

ⓒ 도서출판 **세 복**

이렇게 예수 그리스도의 제자가 되자

홍성철 지음

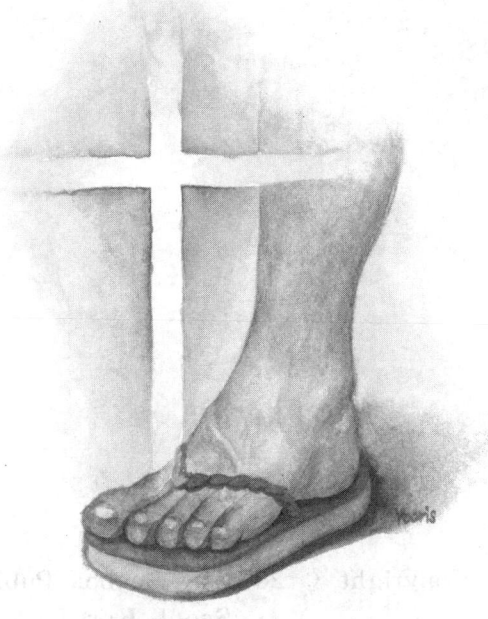

도서출판 세 복

Let's Be
Disciples of Jesus Christ

John Sung-Chul Hong

목 차

제자훈련은 방법론이 아니다

교회의 주체요, 얼굴인 평신도를 예수님의 제자로 가르치고 훈련하는 것 외에는 다른 길이 없다고 확신하며 제자훈련에 사활을 걸고 살아온 30여 년의 시간. 그 속에서 발견한 한 가지 중요한 사실은 '제자훈련은 방법론이 아니라 예수님의 가르침으로부터 나온 성경의 원리를 따르는 것'이었다.

수많은 사람들은 오늘도 이리 저리로 제자훈련의 방법을 찾아다니지만, 의외로 가까이 있는 성경을 펼치지 않는 것이 그들의 문제라고 지적하고 싶다. 이것은 제자훈련을 가르치는 사람들에게도 동일하게 적용된다. 자칫하면 '제자가 무엇인지, 그들을 훈련시켜야 할 목사는 누구인지'를 말하는 예수님의 원리를 연구하고, 고민하며, 올바로 이해하고, 가르치며, 사람을 세우기보다는 다양한 제자훈련의 방법론, 환경적인 부분, 교회 부흥의 한 과정으로 지식이나 기술의 전수를 말하기 쉽다.

홍성철 교수의 『이렇게 예수 그리스도의 제자가 되자』는 소위 반짝거리는 책이 아니다. 그러나 곱씹을수록 우러나오는 '십자가의 진수를 담은' 책이다. 사람들의 흥미를 자극하는 방법론이 아니라 고민하며 '제자도'의 성경적 원리를 찾아 드러내기 때문이다. 이 책은 그리스도인의 삶에 있어서 예수님의 제자됨이 무엇을 의미하는지를 상투적이고 일반적인 방법론이 아니라 요한, 베드로와 누가의 삶 속에서 직접 말씀하셨던 예수님의 가르침의 원리를 본문과 씨름하며 명료하게 설명하고 해석하며 실제 삶 속으로 끌어들여 구체적으로 제시했다.

이런 점에서 홍성철 교수의 책은 진정한 예수님의 제자가 되기를 원하는 평신도들에게 강력한 도전과 함께 명쾌한 해답을 제시할 것으로 확신한다. 또한 더 나아가 제자를 양육하는 지도자들에게는 더 없는 제자훈련의 뚜렷한 목표를 제시할 것이다.

이 책을 통해 많은 사람들이 올바른 제자의 길을 발견하게 되길 바란다. 그리고 '짧은 인생을 위해서만 살지 말고 영원이라는 안목으로 인생의 과정을 선택하는' 결단을 하게 되기를 바란다. 그래서 물이 바다를 덮음 같이 온 세상이 예수님의 제자로 가득차는 그 날이 왔으면 좋겠다. 앞으로도 '우리가 듣고 싶은 제자도'가 아니라 '성경이 말하는 예수님의 제자도'를 말하는 이러한 책들이 더 쏟아져 나오길 바란다. 여기에 한국 교회의 희망이 있기 때문이다.

2004년 4월에
사랑의교회
옥한흠 목사

제자도는 선택이 아니다

그리스도를 믿는 사람들에게 있어서 제자도는 선택이 아니라 그리스도인의 본질에 속한다. 예수님을 믿는다는 것은 누구든지 예수님을 좇는 자가 되어야 하며, 예수님의 제자가 되지 않으면 안 된다. 이런 본질적인 제자도가 한국 교회에 잘 알려지지 않은 때가 있었다. 그러다가 1980년대 말부터 한국 교회가 제자도를 전격적으로 활용하기 시작했는데, 거기에는 몇 가지 이유가 있었다. 첫째, 학생 단체에서 일어난 전도와 제자화 운동에 자극을 받아서 한 때 유행처럼 한국 교회가 너나 할 것 없이 제자훈련을 시작했다. 둘째, 교회가 양적으로는 자라나 질적으로 자라지 못하는 약점을 보기 시작하면서 교회는 제자도를 받아들였다. 하지만 한국 교회가 제자훈련을 받아들인 데에는 무엇보다도 목회자들 가운데서 제자도를 목회에 접목시킨 모델을 제시했기 때문이라고 본다. 그 중에는 이것을 교회의 여러 프로그램 중에 하나로 추가하는 사람도 많았다. 그런가 하면 교회론과 제자도를 통합하여 제자도를 제외하고서는 교회다운 교회가 될 수 없다는 인식을 한 분들, 즉 옥한흠 목사님, 홍정길 목사님, 하용조 목사님, 이동원 목사님 같은 분들이 있었기 때문에 이것이 가능했다.

하지만 시간이 지나감에 따라서 서서히 제자도에 대한 관심도 식어지기 시작했다. 반면에 교회의 제자도에 대한 시대적 요구는 과거 어느 때보다 더 필요해졌다. 포스트 모더니즘, 세속화, 다종교 사회 등으로 상황이 바뀌어가면서 한국 교회는 과거 어느 때보다 제자도가 없이는 그리스도인다운 그리스도인이 될 수 없는 처지에 이르렀다. 이러한 상황에서 올바른 제자도 없이는 그리스도인의 본질인 세상을 향한 증인의 역할을 제대로 못하는 것은 뻔한 일이다. 한국 교회가 양적 팽창을 하면서 지금까지 축소된 기독교를 많이 전파했다. 구원의 혜택은 누렸지만 그리스도인의 의무는 저버린 사람들을 많이 양산했다. 그러나 이제 우리는 축소된 그리스도인으로서는 더 이상 이 세상에서 그리스도인으로서 생존조차도 할 수 없는 현실에 부딪치게 되었다.

이러한 시기를 맞이한 한국 교회를 위하여 홍성철 박사님이 『이렇게 예수 그리스도의 제자가 되자』란 책을 집필하신 것은 매우 시기적절한 일이라 생각된다. 한국 교회의 상황을 살펴보고 그 심각성을 인식한 사람이라면 이구동성으로 제자도에 관한 어떤 책이든지 우리에게 도움이 될 것이라고 환영할 것이다. 홍성철 박사님이 집필한 본서는 한국 교회와 뜻있는 그리스도인들을 위하여 더욱 더 크게 유익이 될 것이라는 점을 다음의 몇 가지 이유를 들어 강조하기를 원한다. 첫째로, 지금까지 제자도에 대해서 쓴 책을 보면 대부분의 경우 실천가들에 의해 집필되었다. 몇몇 경우를 제외하고 이런 책들은 신학적 기초가 약할 수가 있다. 본서의 경우 성경 본문을 구체적으로 해석해서 성경 말씀이 주는 메시지를 있는 그대로 제시했기 때문에 그런 단점을 보완했다. 종종 본문이 주는 메시지는 어떤 사람들에게는 너무 무겁게 느껴져서 그 발걸음을 멈추게 하거나 좌절하게 만들 수 있는 가능성에 대한 우려도 있을 수 있다. 반면에 많은 사람들이 성경이 제시한 엄청난 도전에도 불구하고 예수 그리스도의 매력 때문에 그것을 저지하는 경계선을 넘어서 제자가 되고자 하는 일이 일어날 것을 확신한다. 죽고자 하면 살고, 살고자 하면 죽을 것이라는 주님의 도전처럼, 사람들이 죽고 싶은 마음을 갖기에 충분한 매력을 갖는 예수님의 요구를 그대로 소개했기 때문에 이 책은 다른 많은 책들보다도 더 소중하다고 느껴진다.

둘째로, 홍성철 박사님은 단순히 연구실에서 제자도에 대한 글만 쓰는 분이 아니다. 이분은 죠이선교회의 지도자로서, OMS 선교부의 전도 책임자로서, 나중에는 선교지의 선교사로서, 이민 목회자로서, 한국 내의 목회자로서, 더 나아가서는 신학교에서 제자들을 양육하면서 실제로 제자도를 현장에서 실천한 분이다. 홍 박사님은 지금까지 많은 제자들을 직접, 간접적으로 양육한 바 있다. 그래서 이 책은 많은 사람에게 널리 읽혀져야 한다. 이 책을 접하는 성숙한 그리스도인들은 이 책을 통해서 더 깊은 성숙으로 나아가게 될 것이다. 미숙한 그리스도인들은 이 책의 내용을 거울삼아 자신이 어떤 종류의 제자인가를 평가

받고, 한 걸음 더 나아가서 주님이 원하시는 제자로 성숙하게 될 것이다. 이러한 두 부류의 사람들은 또 다른 사람을 제자로 삼는 데 동기 부여를 받게 될 것으로 믿어 의심치 않는다.

지금은 타계하신 전 『크리스챠니티 투데이』(Christianity Today) 편집자이자 트리니티복음주의신학교〔Trinity Evangelical Divinity School; 현재는 트리니티국제대학교(Trinity International University)로 바뀜〕교무처장이었던 케넷 컨서 (Kenneth Kantzer) 박사님은 1980년대 한 기독교 간행물에서 이렇게 말한 바 있다. "다가오는 포스트 모던 시대에는 제자로 성장하지 않고서는 자신의 신앙을 보존하기조차 힘들 것이다. 제자가 되지 못한 사람들이 다른 사람들에게 전도하는 것은 더욱 더 힘들 것이다." 이 책이 한국 교회와 학생 단체 지도자들과 선교사들에게 다시 한 번 제자도에 대한 관심을 불러일으키는 데 큰 역할을 할 것으로 확실히 믿으며 추천하는 바이다.

2004년 4월 28일
한국선교훈련원 (GMTC)
이태웅 박사

문을 열면서

"제자"란 일반적으로 배우는 사람, 학생, 견습생을 말한다. 그러나 사복음서와 사도행전에서 사용된 제자라는 말은 몇 개의 예외를 제외하고는 예수님을 주인(master)으로 추종하는 사람들을 가리킨다.[1] 이런 사람들은 주인이신 예수님에게 완전히 헌신해야 하고 순종해야 하며, 더 나아가서 그분과 함께 고난도 받아야 한다.[2] 이러한 충성의 관계를 누가는 날카롭게 꿰뚫어 보았다.

누가에 의하면, 예수님은 제자들이 그분을 겟세마네에서 버리기 전까지 그들을 제자라고 부르셨지만, 겟세마네 사건 이후에는 그들을 "좌우"(22:49), "예수를 아는 자들"(23:49), "저희 중 둘"(24:13) 등으로 부르면서 제자라는 칭호를 피하셨다. 예수님이 부활하신 후에 그들과의 관계를 회복시키고 나서야 다시 제자들이라고 부르셨다. 이것은 예수님의 관심이 그의 가르침보다는 인격적이고 추종적인 관계에 있었다는 사실을 말해 준다.[3]

예수님은 이런 분명한 목적을 가지고 사역 초기부터 제자들을 선택하시고 그들을 훈련시키셨다. 실제로 그분은 3년이란 짧은 기간의 공생애에서 대략 75%의 시간을 이들 열두 명의 제자들에게 할애하셨다. 그 기간 동안 예수님은 그분의 모습과 목적을 점진적으로 제자들에게 나누어 주셨다. 그분의 목적은 십자가를 짐으로 세상을 구원하는 것이었다. 그러한 숭고한 목적을 이루는 방법은 제자들이었다. 예수님은 세계 복음화를 3년 후에 그의 제자들에게 맡기실 의도를 가지고 그들을 훈련하셨다.

예수님의 목적을 마침내 제자들은 전수(傳授)받았고, 그리고 그 전수받은 것을 다른 사람들에게 전달하기 시작했다. 후에 이러한 방법을 깊이 파악한 바울 사도도 그의 영적 아들인 디모데에게 같은 원리를 가르쳤다: "또 네가 많은 증인 앞에서 내게 들은 바를 충성된 사람들에게 부탁하라. 저희가 또 다른 사람들을 가르칠 수 있으리라" (딤후 2:2). 이 짧은 말씀에 4대가 연루된 연쇄적인 제자훈련의 원리가 함축되어 있다.

예수님으로부터 사랑을 받은 사도 요한은 그의 복음서에서 제자가 되는 비결을 간단하면서도 분명하게 제시했다. 그 비결은 다음의 세 말씀에서 찾을 수 있다. 첫 번째 말씀은 요한복음 8장 31-32절이다. 이 말씀은 주님의 진리에 깊이 접하여, 말씀이신 주님의 거룩한 모습을 닮아가는 제자상(弟子像)을 강조한다.4) 두 번째와 세 번째의 말씀은 요한복음 13장 34-35절과 15장 8절로, 어떤 면에서 먼저 나온 말씀의 결과이다.

한편으로 주님과의 관계가 정립되고 다른 한편으로 주님의 말씀에 거할 때, 필연적으로 열매를 맺게 된다. 그런데 이 열매는 두 가지 형태로 나타나야 하는데, 하나는 그리스도인들을 향한 사랑이다.5) 또 하나는 세상을 향해서인데, 곧 전도의 열매이다. 그리고 전도의 열매는 그리스도인들이 서로 사랑할 때 자연스럽게 맺힌다. 그러므로 어떤 의미에서 세 번째 말씀은 두 번째 말씀의 결과이다.

예수님의 수제자인 베드로도 역시 이런 제자상을 놓칠 리가 없었다. 그는 예수님을 구세주로 믿은 많은 사람들에게 같은 맥락으로 말씀 안에서, 교제권 안에서, 그리고 세상에서 열매를 맺으며 그분의 제자가 되기를 바란다. 그런 욕구를 베드로는 다른 시각으로 너무나 아름답게 묘사하는데, 그것이 바로 베드로전서 2장 1-10절이다. 그가 과연 예수 그리스도의 수제자인 사실을 알려 주는 귀한 대목이기도 하다.

누가는 바울의 제자이자 동시에 바울의 동역자였다 (몬 24). 누가는 바울과 함께 세계 전도 여행을 다니면서 전도자에게 요구되는 삶을 보고 익혔다.6) 그리고 그는 후에 그런 삶을 영위하기 위하여 필요한 기준들을 제시하는데, 누가복음 14장 25-35절에 기록된 대로이다. 그 말씀에 의하면, 예수님은 제자들이 다른 어떤 사람과의 관계보다 그분과의 관계를 우선으로 해야 하며, 자기 십자가를 지고, 재물의 소유보다 그분을 소유해야 한다는 사실을 분명히 하셨다. 이것은 주님의 뜻에 굴복함으로 주님을 닮아가는 제자의 삶을 가리킨다.7) 요한복음에서 강조된 제자상은 말씀에 거해야 한다는 사실이나, 누가복음의 말씀은 의지적 선택을 통한 관계의 재정립(再定立)을 강조한다.

이미 앞에서 언급한 대로, 본서는 예수님과 그의 제자들, 그리고 다시 그들의 제자들을 통해 전수된 제자화의 원리를 제시하고자 한다. 그런 목적 때문에 제 1부에서는 요한복음을 통해서 제시된 제자화의 원리를 살펴볼 것이다. 제 2부에서는 예수 그리스도의 수제자인 베드로가 제시한 제자화의 기준을 접근해

볼 것이다. 마지막으로 제 3부에서는 베드로와 바울로부터 영향을 받은 누가가 전한 복음서에 제시된 제자화의 조건을 알아볼 것이다.

본서가 이렇게 소박하게 태어난 것은 많은 분들의 직접적 간접적 영향에 기인한 것도 사실이다. 먼저는 죠이선교회에 감사하는 마음이다. 필자는 그 교제권을 통하여 신앙을 갖게 되었을 뿐 아니라, 그 곳에서 예수 그리스도의 제자가 되는 기초를 쌓았다. 필자가 애스베리신학교에서 수학할 때 제자훈련의 대가인 로버트 콜만 (Robert E. Coleman) 박사님에게서 영향을 받게 된 것도 놀라운 축복이었다. 그 후 서울신학대학교 대학원에서 "제자화의 이론과 실제"를 가르치면서 장래의 영적 지도자들과 씨름한 것도 크나큰 축복이었다. 마지막으로 산돌교회 성도들에게 고마운 마음을 금할 수 없다. 그들과 한편으로는 삶과 사역을 나누면서, 또 한편으로는 "예수 그리스도의 제자"란 제목으로 14주간의 설교를 그들이 인내와 사랑으로 경청해 주었다.

끝으로, 한국 교계에서 제자훈련을 통해 교회를 성장시켰을 뿐 아니라, 그 교회가 한국 교회에 의미 깊은 방향을 제시해 주신 사랑의교회의 옥한흠 목사님에게도 감사한다. 그런 교회의 모델이 없었더라면 필자의 주장과 가르침도 그만큼 힘을 받지 못했으리라. 또한 『제자훈련은 이렇게』를 위시하여 많은 제자훈련 교재를 저술하고, 또 많은 사람들, 특히 선교사들에게 제자도를 가르치며 보여 주시는 한국선교훈련원의 이태웅 목사님에게도 감사한다. 이 두 분은 본서를 위하여 기쁨으로 추천서를 보내 주셨다.

이 저서가 전해지면서 많은 그리스도인들이 예수 그리스도의 제자가 되기를 원하는 마음이 불일 듯 일어나기를 바라는 마음도 크다. 그래서 한국 교회의 많은 지도자들이 삶과 사역의 방향과 목적을 분명히 알고 실천하는 데 조금이라도 도움이 되기를 기대해 본다. 무엇보다도 제자도의 모든 것—선택, 훈련, 명령 등—을 보여 주신 영원한 모델이신 예수 그리스도에게 감사를 드린다.

주후 2004년 4월에
홍성철

I. 요한복음에 제시된 제자

1. "내 말에 거하라"

2. "서로 사랑하라"

3. 과실을 맺는 제자

4. 제자의 삶

1

내 말에 거하라

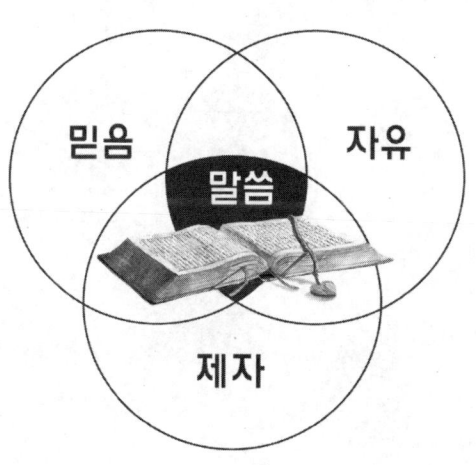

"내 말에 거하라"

> "그러므로 예수께서 자기를 믿은 유대인들에게 이르시되, '너희가
> 내 말에 거하면 참 내 제자가 되고, 진리를 알지니 진리가 너희를
> 자유케 하리라.'"
>
> 요한복음 8:31-32

들어가면서

예수님은 세상을 구원하기 위하여 오셨다. 다른 말로 표현하
면, 예수님은 세계 복음화를 위하여 인간이 되셨고 그리고 마침
내 십자가의 죽음을 받아들이셨다. 그러나 세계 복음화를 위한
예수님의 생애는 시간적으로는 너무 짧았고, 공간적으로는 너무
제한적이었다. 그렇다면 예수님은 어떻게 세계 복음화를 이루시
겠다는 것인가? 그러나 그분에게는 이미 걸출한 방법이 있었다.

예수님의 공생애는 거의 처음부터 세계 복음화를 위한 전략

적 생애였다는 것을 엿볼 수 있다. 요한복음에 의하면, 예수님이 공생애를 시작하면서 제일 먼저 전한 메시지는 복음이었다 (요 1:29, 36). 물론 그 메시지는 예수님의 길을 준비시킨 세례 요한의 입술을 통해서 전해졌지만, 그래도 그것은 세계 복음화를 위한 메시지였다. 그렇지 않다면 왜 세례 요한은 예수님을 가리키면서 "세상 죄를 지고 가는 하나님의 어린양"(요 1:29)이라고 했겠는가?

그렇다면 세계 복음화의 방법은 무엇이었나? 그것은 제자들의 선택이었다. 왜냐하면 세계 복음화의 방법은 바로 비전과 훈련을 겸비한 사람들만이 그 사역에 몰입할 수 있기 때문이다. 그런 이유 때문에 예수님은 첫 메시지 직후부터 곧바로 제자들을 선택하기 시작하셨다. 먼저 세례 요한의 두 제자를 소개받았다 (요 1:37-39). 그 다음, 그 두 사람 가운데 하나인 안드레를 통해 베드로를 소개받았다 (요 1:40-42). 예수님은 빌립을 부르셨고 (요 1:43), 그리고 빌립을 통해 나다나엘을 소개받았다 (요 1:44-46).

예수님은 이렇게 선택한 제자들을 훈련시키기 시작하셨다. 그런데 예수님의 훈련 방법은 놀랍게도 함께 시간을 보내는 것이었다. 그러면서 그들과 대화하셨고, 그들을 가르치셨고, 또한 삶을 보여 주셨다. 그러는 동안 예수님은 좋은 기회가 주어질 때마다 제자들에게 중요한 제자도의 지침을 주셨다. 적어도 요한복음에 의하면, 예수님은 제자들에게 세 가지 지침을 주셨는데, 본문은 그 첫 번째 지침이 되었다.

본문은 이렇게 시작한다. "그러므로 예수께서 자기를 믿은 유대인들에게 이르시되...." 여기에서 "그러므로"는 앞에서 예수님이 하나님 아버지에 대한 놀라운 교훈을 가르치신 결과를 강조하기 위한 접속사이다. 그런 가르침의 결과로 유대인들은 적극적으로 반응했는데, 그 반응이 바로 믿음이었다. 30절의 말씀이 그것을 명시하고 있다. "이 말씀을 하시매 많은 사람이 믿더라." 그리고 예수님의 말씀을 믿은 유대인들에게 그분은 보다 깊은 신앙의 단계로 들어갈 것을 촉구하셨다.[1]

본문을 열면서

1. "믿음"— 첫 단계

본문에서 "많은 사람"은 두말할 필요도 없이 유대인들이다. 왜냐하면 예수님은 "자기를 믿은 유대인들"에게 말씀하셨기 때문이다. 유대인들이 예수님을 믿었을 때, 그들의 삶은 전환점을 맞이하게 되었다. 물론 그 때까지 유대인들은 예수님을 믿지 않았다. 유대인들은 그들의 율법을 의지했고, 율법을 준 모세를 믿었고, 하나님으로부터 선택받은 선민이라는 의식 속에서 사는 긍지를 가진 사람들이었다. 그들은 지금까지 그들의 역사와 국가를 믿었다. 그러므로 유대인들에게 전통은 그들의 생명과 같은 것이었다. 다시 말해서, 그들의 과거에 관한 모든 것은 그들의 생애 자체였다.

그런데 그들이 예수님을 믿게 된 것이다. 그것은 당시의 정황을 볼 때 거의 불가능한 것이었다. 왜냐하면 예수님은 무식한 사람으로 인정되었고, 나사렛 사람이었으며, 목수에 불과했기 때문이다. 유대인들이 그런 예수님을 믿었다는 것은 혁명적인 전환을 의미한다. 그것은 인생의 방향이 변화되고, 인생의 목적이 변화되고, 인생을 살아가는 방법이 변화되고, 또 그들의 인생의 목적지도 변화되었다는 것을 의미한다. 뿐만 아니라 그런 변화는 필연적으로 다른 유대인들로부터 멸시와 핍박을 받을 수 있다는 것도 의미한다. 그들은 유대교에서 기독교로 회심한 기독교 신자가 된 것이다. 그리고 그 회심의 매개는 예수님의 말씀이었다.

그런데 예수님은 이처럼 어려운 결단을 하고 혁명적으로 변화된 삶을 받아들인 유대인들에게 이렇게 말씀하지 않으셨다: "너희들은 잘했다. 너희들은 훌륭하다. 어려운 결단을 했다. 지금부터 많은 핍박이 너희들을 기다리고 있을 것이니, 잘 준비해라." 오히려 믿음이라는 어려운 단계를 통과한 유대인들에게 다음 단계로 들어가라는 도전적인 말씀을 하셨다. 잘 된 시작이라도 거기에 걸맞는 과정과 성장이 따르지 않으면 충분하지 않기 때문이다.[2]

2. "내 말"— 둘째 단계

그러면 다음 단계, 곧 둘째 단계는 무엇인가? 예수님의 말씀을 직접 들어보자. "너희가 내 말에 거하면 참으로 내 제자가 되리라." 예수님은 유대인들이 그분의 말씀을 받아들여 신자가 된 사실을 인정하셨다. 그러나 동시에 그들이 믿음의 초기 단계에만 머무르는 것도 원하지 않으셨다. 예수님은 그들이 더 높은 믿음의 단계로 올라갈 것을 원하셨다. 그 단계는 무엇인가? 그 것은 예수님의 제자가 되는 것이었다.

그들은 말씀에 대한 믿음을 통하여 신자가 되었다. 위에서 언급한 대로, 유대인들이 기독교 신자가 된다는 것은 놀라운 일이다. 그러나 예수님은 그들이 신자로만 남아 있기를 원하지 않으셨다. 더 나아가서 예수님의 제자가 되기를 원하셨다. 그래서 예수님은 "너희가 내 말에 거하면 참으로 내 제자가 되리라"고 말씀하셨다.

*거하다*는 말은 *방문하다, 체류하다*와는 의미가 다르다. *방문하다, 체류하다*는 잠시 찾아가서 잠깐 동안만 머무는 것을 의미한다. *거하다*는 *남아 있다, 머물다*로, 마음으로 결단해서 예수님의 말씀 안에 진실하게 임하는 것을 의미한다.[3] 들어갔다 나왔다 하는 가벼운 행동이 아니라, 한 곳에 붙어 있는 무거운 행동이며 동시에 상태이다. 그것은 환경이나 감정의 변화를 초월하며, 다른 사람의 핍박에 상관 없이 움직이지 않는 상태를 말하는 것이다.

그러면 "내 말에 거하면 내 제자가 되리라"의 의미가 드러나게 된다. 제자라는 말은 스승을 상대로 한 표현이다. 스승이 없는 제자는 없다. 여기에서 스승과 제자와의 관계는 가르치고 배우는 관계를 말한다. 그러므로 예수님의 말씀에 거한다는 것은 그분과 특별한 관계를 지속적으로 그리고 친밀하게 갖는 것을 의미한다. 좀더 구체적으로 말하면, 그분의 말씀에 계속적으로 경청하고, 완전히 복종하며, "그 말씀을 붙잡고 사는 삶"을 말한다.[4]

그러나 예수님의 제자가 되기 위해서는 말씀도 중요하지만 그것보다 더 중요한 것이 있다. 그것은 바로 삶이다! 예수님이 언급하신 "내 말"은 입에서 나오는 말뿐 아니라 그 말에 따르는 삶을 포함한다. 그것을 쉽게 설명하면 이런 의미가 될 것이다. "내가 너희에게 성경을 가르칠 때 이론으로만 아니라, 삶으로 가르친다." 결국, 삶을 동반한 가르침이기에 제자들도 이론적으로 배울 뿐 아니라 그분의 삶을 본받으라는 뜻이다. 그렇게 배우고 본받을 때, "너희가 참으로 내 제자가 되리라"는 것이다. 간단히 말해서, 예수 그리스도의 제자는 다음과 같아야 한다:

> 한 마디로, 인내는 참 믿음, 곧 참 제자의 표지이다. 진정한 신자는 예수님의 '말씀,' 곧 그분의 가르침에 거한다: 다시 말해서, 그런 사람은 그 말씀에 순종하며, 더 잘 이해하려고 노력하며, 다른 요소들이 그 말씀에 정면으로 반대할 때도 그 말씀이 보다 소중하고, 보다 능력이 있다는 것을 경험한다. 그 가르침에 거하는 사람만이 아버지와 아들을 소유한다.[5]

그러면 어떻게 제자들은 예수님의 말씀에 거할 수 있는가? 그것은 그분의 말씀에 깊이 들어가야 한다. 그리고 그 말씀은 다음과 같은 세 가지 방법으로 제자들에게 다가온다. 첫째는 기록된 말씀, 곧 성경(The Written Word)이다. 둘째는 살아 있는 말씀, 곧 예수 그리스도(The Living Word)이다. 셋째는 전해진 말씀(The Spoken Word)이다. 전해진 말씀은 설교, 가르침, 문서 등을 통해 전달되는 말씀이다.

그렇다면 "내 말"에 *거하는* 방법이 분명해진다. 먼저, 기록된 말씀인 성경을 읽어야 한다 (요 5:39 참조). 읽을 뿐 아니라, 암송하고, 묵상하며, 삶에 적용해야 한다. 더 나아가서, 살아계신 말씀, 곧 예수 그리스도를 만나야 한다 (요 1:14). 훌륭한 그리스도인들도 성경을 제법 깊게 접하지만, 살아계신 예수 그리스도를 만나지 못하는 경우가 종종 있다. 그러면 그들은 지적인 신자로 전락될 수 있는 위험이 있다. 비록 그들은 기독교 신자이나 예수 그리스도의 제자는 아니다.[6]

마지막으로, 전해진 말씀을 배워야 한다. 우리가 기록된 말씀인 성경을 읽고 암송하고 묵상하지만, 그 말씀의 의미를 확실히 이해하거나 깨닫지 못하는 때가 참으로 많다. 더군다나 그 말씀에 숨겨진 많은 비밀을 캐내지 못할 때가 허다하다. 풍요로운 말씀을 알지 못하기에 풍요로운 그리스도인의 삶을 누리지 못한다. 풍요롭기는커녕 우리에게 여러 가지 문제가 생긴다: 경제적인 문제, 인간적인 문제, 관계의 문제, 정신적인 문제 등.

우리는 전해지는 말씀을 배워야 한다 (롬 10:17). 전해지는 말씀은 여러 가지 방법으로 배울 수 있다. 그러나 소그룹이라는 교제 속에서 가장 잘 배울 수 있다. 왜냐하면 소그룹에서는 기록된 말씀을 배울 수 있을 뿐 아니라, 그 말씀을 이미 깨닫고 순종하는 사람들의 삶을 보고 닮을 수 있기 때문이다. 그리고 그처럼 배우고 본받기 위해서는 배움의 자세가 꼭 필요하다. 겸손하게 그리고 충성스럽게 보고 배우기를 원하는 자세로 접근하는 사람은 전해진 말씀에 거할 수 있다. 그러면서 그 사람은 예수 그리스도의 제자가 된다.

우리는 예수님의 말씀에 거하면서 예수 그리스도의 제자가 된다. 여기에서 주의해야 할 것이 있다. 그것은 우리를 가르치는 사람들의 제자가 되는 것이 아니다. 왜냐하면 우리를 가르치는 사람도 예수님의 말씀을 전해 주는 예수 그리스도의 제자이기 때문이다. 우리가 성경 말씀을 직접 대하든, 말씀이신 예수 그리스도를 개인적으로 만나든, 아니면 다른 사람에 의해서 말씀을 배우든, 결국 우리는 예수 그리스도의 말씀에 거하게 되며, 따라서 예수 그리스도의 제자가 되는 것이다. 결코 가르치는 사람의 제자가 되는 것이 아니다.

3. "진리를 알지니"— 셋째 단계

예수님은 시작 단계인 믿음을 소유한 사람들에게 보다 깊은 단계인 제자가 될 것을 촉구하셨다. 그러나 예수님은 거기에서 중단하지 않고 다음 단계인 자유를 제시하셨다. 그 이유는 간단하다! 예수 그리스도의 제자들도 종종 주님이 주시는 진정한 자유를 누리지 못하기 때문이다. 그들도 진정한 자유를 누려야 여러 가지 속박에서 해방될 수 있을 뿐 아니라, 여러 가지 속박에 묶여 있는 사람들을 자유케 할 수 있다. 이처럼 중요한 자유에 대하여 예수님은 이렇게 말씀하셨다. "진리를 알지니 진리가 너희를 자유케 하리라."

1) "진리"

물론 진리는 예수님이 하신 모든 말씀이며, 그 말씀은 하나님의 말씀과 동일하다. 그러나 여기에서 강조된 진리는 말씀보다는 예수님 자신이다.7) 예수님은 "은혜와 진리가 충만하신" 분이다 (요 1:14). 예수님은 그 사실을 이렇게 선포하신 적이 있다: "내가 곧 길이요, 진리요, 생명이니, 나로 말미암지 않고는 아버지께로 올 자가 없느니라" (요 14:6). 이 말씀에 의하면, 진리는 분명히 예수님 자신이다.

예수님은 첫 단계를 통과한, 다시 말해서, 그분의 말씀을 믿은 유대인들에게 제자가 되라고 말씀하셨다. 예수님은 믿지 않은 사람들에게 "너희가 내 제자가 되라"고 말씀하신 적이 없다. 그리고 두 번째 단계를 통과한 제자들에게 예수님은 자유를 제시하셨다. 이런 자유는 신앙에 깊이 들어간 제자들만이 누릴 수 있는 특권이다. 다시 말해서, 내적으로 영적 능력을 경험한 제자들의 몫이다.8)

자유는 중요하다! 왜냐하면 예수님의 제자라도 자유를 만끽하지 못하면서, 오히려 의무감으로 성경을 대하며, 교회 생활과 전도를 할 수 있다. 그렇다면 제자일 수는 있으나, 주님이 약속하신 자유는 누리지 못한다. 그런데 이런 자유는 우리의 결심이나 노력으로만 얻어지지 않는다. 진리이신 예수 그리스도를 새롭게 만나야 한다. 예수 그리스도 안에 있는 자유야말로 모든 제자들이 추구하고 경험해야 할 약속이다.

왜 예수 그리스도의 제자조차도 종종 여러 가지 속박에 빠지는가? 어쩌면 강한 자아 때문일 수 있다. 어쩌면 나의 고집 때문일 수 있다. 어쩌면 나의 편견 때문일 수 있다. 어쩌면 나의 죄를 놓지 못하거나, 아니면 다른 사람과의 관계에서 생기는 문제 때문일 수 있다. 그런 이유 때문에 진리이신 예수 그리스도를 새롭게 그리고 깊게 만나지 못하며, 따라서 그분만이 주시는 자유를 누리지 못한다.

이런 자유는 자아로부터 해방이요, 두려움으로부터 해방이다. 이런 자유는 다른 사람의 시선으로부터 해방이요, 죄로부터 해방이다. 이런 자유는 어떤 환경에서도, 그리고 어떤 사람과의 관계에서도 누릴 수 있는 해방이다.[9] 환경을 바꾸거나 불편한 사람들을 피하는 것은 진정한 자유와 해방이 아니다. 그것은 도피에 불과하다. 간단히 말해서, 자유는 내적으로 그리고 영적으로 바뀌는 것을 의미한다.

2) "알지니"

이미 언급한 대로, 예수님은 이런 자유를 누릴 수 있는 방법을 제시하셨다. 그 방법은 진리를 아는 것이다: "진리를 알지니 진리가 너희를 자유케 하리라." 여기에서 "알지니"란 동사가 자유를 얻는 열쇠가 될 수 있다. 왜 "안다"가 열쇠일 수 있는가? 그 이유를 찾아보자.

헬라어에서 "안다"는 동사는 두 개가 있다. 하나는 머리로 아는 것을 말하고, 또 하나는 관계를 맺으면서 아는 것을 말한다. 머리로 아는 것은 일회적이기도 하다. 왜냐하면 그런 지식은 한 번 알면 그것으로 끝나기 때문이다. 서울은 대한민국의 수도라는 사실은 한번 알면 그것으로 끝난다. 그 지식은 일생 동안 지속된다. 그것은 머리로 아는 것이다. 이처럼 일회적인 지식은 우리의 삶을 변화시키지 못한다. 그 지식은 우리를 자유케 하지 못한다.

본문에서 "알지니"는 관계를 맺으면서 아는 것을 의미한다. 헬라어로는 기노스코(γινωσκω)로, 관계를 맺었다는 사실을 강조한다.[10] 그리고 그런 관계는 일회적이 아니라 지속적인 것이다. 어느 남자가 한 여자를 알게 되면 관계가 이루어진다. 그리고 그 관계가 적극적으로 진전되면 그 여자를 더 알게 된다. 이런 관계는 알면 알수록 더 알기를 원하며, 그것을 위하여 시간과 노력을 아끼지 않게 된다. 그뿐 아니라, 그 여자 중심으로 생각하고 행동하기를 원하게 된다.

제자들은 예수님과 이런 관계를 이루었다. 그들은 예수 그리스도를 알면 알수록 그분을 더 알기 원하여 시간과 노력을 바친다. 그리고 그분을 알아가는 만큼 그분 중심으로 생각하고, 행동하기를 원하게 된다. 제자들은 예수 그리스도를 위하여 자신들을 비우게 된다. 그렇게 자신들을 비울 때 예수 그리스도가 그들의 생애를 인도하신다. 그분의 통치를 받게 되는 것이다. 그리고 바로 그때 제자들은 주님으로 충만하며 진정한 자유를 누리게 된다.

나가면서

이 짧은 말씀에서 예수님은 3단계의 신앙을 제시하셨다. 첫째는 믿음의 단계이다. 믿음의 단계를 통과하지 않으면 구원을 경험할 수 없다. 우리는 죄인이기 때문에 우리를 위하여 십자가에서 죽으시고 또 사흘 만에 다시 사신 예수 그리스도를 구세주로 믿어야만 한다. 그런 이유 때문에 예수님은 이렇게 말씀하셨다. "내 말을 듣고 또 나 보내신 이를 믿는 자는 영생을 얻었고… (요 5:24). 결국 믿음의 단계로 들어가게 하는 매개는 말씀이었다.

그러나 신자는 거기에만 머물러 있을 수 없다. 예수님의 말씀으로 인하여 믿게 된 그들은 그 말씀 안에 거하면서 그분의 제자가 되어야 한다. 그것이 바로 둘째 단계이다. 그분의 말씀 안에 거하지 않으면 우리는 그분의 *참* 제자가 될 수 없다. 그 때부터 우리는 예수 그리스도를 닮아가기 시작한다. 마지막 단계는 진리이신 예수님을 알아가야 한다. 그리할 때 진정한 자유를 누리게 되기 때문이다.

우리도 마찬가지이다! 우리에게 있는 자유와 의지를 사용하여 자기를 비우고 예수 그리스도 앞으로 나오면 진정한 자유를 누릴 수 있다. 나를 비우지 않고는 그런 자유를 누리지 못한다. 예수님은 너무나 신사적이시고 인격적이시기 때문에 우리에게 강요하지 않으신다. 우리가 자원해서 굴복할 때 그분은 우리의 비움을 그분의 충만으로 채우시고 진정한 자유를 주신다.

2

서로 사랑하라

"서로 사랑하라"

"새 계명을 너희에게 주노니, 서로 사랑하라: 내가 너희를 사랑한 것 같이 너희도 서로 사랑하라. 너희가 서로 사랑하면, 이로써 모든 사람이 너희가 내 제자인 줄 알리라."

요한복음 13:34-35

들어가면서

예수님이 제자들에게 두 번째로 주신 제자도의 조건은 "서로 사랑하라"는 계명이었다. 그런데 이 계명이 주어진 배경은 무엇인가? 본문에서 우리는 다음과 같이 세 가지를 찾을 수 있다. 첫째는 가룟 유다가 주님을 배반할 때이다 (13:26-30). 그들과 함께 3년이나 생사고락을 같이 하던 유다는 은 30에 예수님을 팔았다. 남은 열한 제자들은 얼마나 마음이 아프고 슬펐겠는가? 마음이 상할 대로 상한 그들에게 "서로 사랑하라"

고 말씀하셨다.[1]

둘째는 베드로가 예수님을 부인(否認)할 때, 그것도 세 번씩이
나 부인할 때였다 (13:36-38). 베드로는 예수님의 수제자였다.
그리고 그에게는 천국의 열쇠까지 받는 특권도 가졌다 (마
16:19). 그뿐 아니다! 그는 예수님으로부터 새로운 이름도 받았
고, 더 나아가 변화산에서 예수님은 물론 모세와 엘리야도 보았
다. 그처럼 많은 특권을 가진, 그래서 예수님도 신뢰했고 또 다
른 제자들도 믿었던 그가 예수님을 부인했던 것이다. 어떤 인간
도 믿을 수 없다는 것을 뼈아프게 느낀 그들에게 주님은 "서로
사랑하라"고 말씀하셨다.

셋째는 예수님이 제자들을 떠나실 때이다 (33절). 지금까지
그들을 부르시고 함께 하시던 주님이 더 이상 그들과 함께 있지
않겠다는 것이다. 그들은 얼마나 많이 실망했겠는가? 모든 것을
다 버리고 예수님을 따르면 하나님의 나라에서 큰 계급이라도
얻을 줄 알았던 그들은 그야말로 모든 것을 다 잃은 것과 같았
다. 그처럼 실망할 대로 실망한 그들에게 "서로 사랑하라"고 말
씀하셨다.

본문을 열면서

그렇다면 예수님은 이 세상의 복음화를 제자들에게 맡기시
면서 왜 제자들에게 "서로 사랑하라"고 당부하셨는가? 예수님은
사랑의 화신(化身)이셨다. 그분은 하나님의 사랑을 이 세상에 드
러낸 분이셨다. 그 사실을 성경은 이렇게 묘사한다: "...하나님은

사랑이심이라. 하나님의 사랑이 우리에게 이렇게 나타난바 되었으니, 하나님이 자기의 독생자를 세상에 보내심은 저로 말미암아 우리를 살리려 하심이니라" (요일 4:8-9).

예수님은 그런 하나님의 사랑을 세상에 전하고 또 죄인들을 구원하기 위하여 마침내 십자가에서 죽으실 것이다. 그것은 사랑의 극치요, 그런 사랑을 통해서만 세상이 구원을 받을 수 있는 것이다. 그런 까닭에 성경은 그 극치의 사랑을 이렇게 묘사한다. "사랑은 여기 있으니, 우리가 하나님을 사랑한 것이 아니요: 오직 하나님이 우리를 사랑하사 우리 죄를 위하여 화목제로 그 아들을 보내셨음이니라" (요일 4:10).

그러나 사랑의 화신인 예수님이 제자들을 떠나가시면, 세상은 어디에서 그 사랑을 찾으며 또 볼 수 있는가? 물론 그런 사랑은 예수님의 제자들에게서 찾으며 보아야할 것이다. 그렇지 않다면 그들이 예수 그리스도의 제자라고 할 수 있겠는가? 그런 이유 때문에 예수님은 제자들에게 "서로 사랑하라"고 부탁하셨다. 다시 말해서, 그분을 대신하여 사랑에 굶주린 세상을 위하여 그들이 사랑의 화신이 되라는 명령이었다.[2]

1. 새 계명

"서로 사랑하라"는 왜 새 계명인가? 요한복음을 기록한 사도 요한은 그의 편지에서 이렇게 말한 적이 있다: "사랑하는 자들아, 내가 새 계명을 너희에게 쓰는 것이 아니라 너희가 처음부터 가진 옛 계명이니, 이 옛 계명은 너희가 들은 바 말씀이거니와..." (요일 2:7). 이 옛 계명은 레위기 19장 18절에 명시되어 있다. "...네 이웃 사랑하기를 네 자신과 같이 사랑하라." 결국 "서로 사랑하라"는 말씀은 구약성경의 명령이요, 동시에 신약성경의 명령이다. 그러면 왜 예수님은 이 명령을 "새 계명"이라고 하셨는가?

첫째 이유는 제자들에게 새로운 모델이 있기 때문이다. 그 모델은 두말할 필요도 없이 예수 그리스도이다. 예수님은 제자들의 발을 씻어 주셨다. 그들 가운데는 요한처럼 보다 훌륭한 자격을 갖춘 제자들도 있었다. 그러나 그들 가운데는 예수님을 팔아넘길 가룻 유다도 있었다. 그들 가운데는 예수님을 부인할 베드로도 있었다. 이런 사람들의 발을 씻기신 것이야말로 진정한 사랑의 모델이다. 그뿐 아니다! 예수님은 그러한 모두를 위하여 십자가 위에서 죽으셨다. 구약성경 어디에서도 찾을 수 없는 모델이다. 자기를 배반하고 부인하는 자들을 위해서까지 생명을 내놓으신 새로운 모델이었다.[3]

둘째 이유는 새로운 삶이 있기 때문이다. 예수님은 죽음과 부활을 통하여 성령을 제자들에게 내려 주실 계획을 가지고 있었다. 그리고 성령이 임하시면 제자들은 원수를 사랑할 수 있는 능력을 갖게 될 것이다. 두말할 필요도 없이, 구약 시대에는 물론 예수님의 시대에도 그런 성령의 임재가 제자들에게 없었다. 그러나 예수님의 약속대로 제자들은 조만간 성령을 선물로 받을 것이며, 따라서 새로운 삶을 영위할 것이다. 그러므로 이 명령은 새 계명이었다.[4]

셋째 이유는 새로운 인격 때문이다. 예수 그리스도를 믿어 거듭난 제자들은 인격이 변화될 것이다. 물론 이런 인격의 변화는 제자들의 마음 속에 있는 말씀 때문이다. 예수님은 이미 이렇게 말씀하셨다. "너희가 내 말에 거하면 참 내 제자가 되리라" (요 8:31). 예수님의 제자는 말씀 안에 거한다. 그리고 그 말씀은 성령의 역사로 제자들의 인격을 변화시킨다. 이런 사실을 예레미아 선지자는 이렇게 예언한 적이 있다: "그러나 그 날 후에 내가 이스라엘 집과 맺을 언약은 이러하니, 곧 내가 나의 법을 그들의 속에 두며, 그들의 마음에 기록하여 나는 그들의 하나님이 되고, 그들은 내 백성이 될 것이라" (렘 31:33). 그러므로 "서로 사랑하라"는 계명은 예전이나 지금이나 같은 내용이지만 "새 계명"이라 불린다.

2. "서로 사랑하라"

예수님은 이런 사랑을 보다 구체적으로 말씀하신 적이 있다. "내 계명은 곧 내가 너희를 사랑한 것 같이 너희도 서로 사랑하라 하는 이것이니라. 사람이 친구를 위하여 자기 목숨을 버리면 이보다 더 큰 사랑이 없나니, 너희는 내가 명하는 대로 행하면 곧 나의 친구라" (요 15:12-14). 이 말씀에 의하면, 사랑은 친구를 위해 생명을 포기하는 것이다.[5]

그렇다면 생명을 포기한다는 것은 무엇을 의미하는가? 그것은 "나의 뜻"보다는 주님의 뜻을 더 중시하는 것이며, 따라서 나의 뜻을 포기하는 것을 의미한다. 그런데 주님의 뜻은 친구를 위하여 목숨을 버리는 것이다. 예수님의 말씀에 의하면 그것이 바로 사랑이며, 그분의 제자는 그런 사랑을 가져야 한다. 그러므로 예수 그리스도의 제자가 된 표지는 "사랑"이라고 할 수 있다. 그리고 그 "사랑"은 자신의 주장과 뜻을 포기하는 것이다.

예수님은 너무나 하찮은 "나"를 위하여 생명까지 주셨다. 아니 "나"는 하찮을 뿐 아니라 죄인이었다. 하나님을 대적한 죄인이었다. "나"는 지옥을 향해 달려가는 심판의 대상이었다. 그럼에도 불구하고 예수님은 "나"를 위해 죽으셨다. 그리고 예수님은 "나"에게 부탁하신다: "서로 사랑하라." 그것도 한 번만 부탁하신 것이 아니다. 세 번씩이나 부탁하셨다: "서로 사랑하라."[6]

여기에서 사용된 "사랑하라"는 물론 *아가페*이다. 아가페는 감정을 토대로 한 사랑이 아니다. 감정적으로 사랑할 수 있는 사람은 자격을 구비하고 있거나 마음에 드는 사람이다. 그러나 아가페는 의지를 토대로 한 사랑이다. 무슨 뜻인가? 자격이 없는 사람을 감정적으로는 사랑할 수 없지만, 주님의 말씀에 근거하여 의지적으로 결단하는 사랑이다. 감정은 언제나 변화될 수 있다. 그러나 의지적으로 사랑한다면 그 사람은 예수 그리스도의 제자이다. 주님은 이렇게 말씀하셨다: "너희가 서로 사랑하면 이로써 모든 사람이 너희가 내 제자인 줄 알리라."

예수님이 "서로 사랑하라"고 제자들에게 말씀하셨을 때는 마지막 성찬을 끝내신 직후였다. 성찬은 모든 제자들이 한 몸이라는 사실을 상징적으로 표하는 중요한 예식이다. 그리고 한 몸이라 함은 모든 제자들이 유기체로 연결되어 있다는 것을 의미한다. 다시 말해서, 한 몸이 된 제자들은 서로 헤어질 수 없다. 헤어지기는커녕 서로를 절대로 필요로 한다. 마음에 드는 사람도 필요하고, 마음에 들지 않는 사람도 필요하다. 왜냐하면 한 몸에 붙어 있는 지체들이기 때문이다. 발가락이 아프다고 잘라버리겠는가? 아니다! 더욱 신경을 쓰면서 약도 바르고 병원도 찾는 등 더 잘 돌볼 것이다. 우리가 성찬에 참여하기 전에 죄를 자백하고, 그리스도에 대한 감사에서 하나가 되는 것처럼, "서로 사랑해야" 한다. 그렇지 않으면 우리는 예수 그리스도의 제자가 아니다.

3. "알리라"

예수님은 마지막으로 이렇게 말씀하셨다. "너희가 서로 사랑하면 이로써 모든 사람이 너희가 내 제자인 줄 알리라." 여기에서 "모든 사람"은 물론 믿지 않는 사람들을 가리킨다. 믿지 않는 사람들조차도 그리스도인들이 서로 사랑하는 것을 보면서 그들이 예수 그리스도의 제자라는 사실을 안다는 것이다. 그들은 그리스도인들이 능력을 행하거나 선행을 베풀 때 예수 그리스도의 제자인 줄 안다고 하지 않으셨다. 서로를 향한 사랑 때문에 안다고 하셨다.[7]

그런데 여기에서 사용된 "알리라"는 동사는 단순히 머리로 안다는 뜻이 아니라, "갈수록 깊이 알아간다"는 관계를 의미한다. 이것은 인격적인 관계이다. 인격적인 관계는 우선 맺어져야 가능하다. 믿지 않는 사람들은 그리스도인들이 서로 사랑하는 것을 보면서 예수님의 현존(現存)을 간접적으로 알게 된다. 그리고 그 예수님에게 끌리게 된다. 그 다음 예수님을 그들의 구세주로 받아들이게 된다.

그들은 예수 그리스도의 제자들 안에 있는 사랑을 보면서 그 제자들의 삶 속으로 끌려 들어온다. 사랑의 교제를 나누면서, 삶을 나누는 모습에서, 그들의 삶도 서서히 변해간다. 그리고 그들도 말씀을 사모하게 되어 점차적으로 예수 그리스도의 제자가 되어가는 것이다. 그뿐 아니다! 그들은 그런 사랑의 삶을 믿지 않는 사람들에게 보여 주면서 전도도 하고, 양육도 하고, 훈련도 시키는 성숙한 단계로 들어간다. 이처럼 깊어져 가는 관계를 묘사하기 위하여 사도 요한은 *기노스코*라는 동사를 사용했다.

예수 그리스도의 제자가 되기 위하여, 첫째로 예수님의 말씀에 거해야 한다. 둘째로 "서로 사랑해야" 한다. 우리가 "서로 사랑할" 때 우리는 참 예수 그리스도의 제자가 될 뿐 아니라, 다른 사람들에게 영향을 미치는 제자가 된다. 사도 요한은 이렇게 말한다. "그의 형제를 사랑하는 자는 빛 가운데 거하여 자기 속에 거리낌이 없으나" (요일 2:10). 이 말씀은 사랑하지 않는 자는 "자기 속에 거리낌이 있다"는 말이기도 하다. "거리낌"은 "남을 넘어지게 한다"는 뜻으로, 영적으로, 정신적으로 그리고 육체적으로 다른 사람들을 넘어지게 한다는 것을 뜻한다. 예수 그리스도의 제자가 되어 다른 사람들에게 영향을 끼치기는커녕 오히려 넘어지게 한다.[8]

나가면서

"서로 사랑하라"는 새 계명이다. 구약성경에서도 같은 내용의 말씀이 주어졌으나, 이스라엘 백성은 "서로 사랑하지" 않았다.

사랑은커녕 서로를 헐뜯고 질시하며 살았다. 그뿐 아니었다. 그들은 서로를 성적으로나 경제적으로 이용하면서 마음에 들지 않은 사람들을 죽이기까지 했다 (겔 22:6-12). 이처럼 중요한 계명을 어긴 그들의 운명은 어떻게 되었는가? 그들은 서로를 불신하게 되었으며, 더 나아가서 나라도 잃었고, 많은 동포와 형제자매를 잃었다. 그들은 더 이상 사랑할 수 있는 대상을 갖지 못했다. 오히려 심판과 저주 속에서 말할 수 없는 고난을 당하고 있었다.

그들은 심판과 저주를 피할 수 있는 방법을 찾아야 했으나, 어디에도 그 방법은 보이지 않았다. 그들이 이처럼 절망 가운데 있을 때 해결 방법으로 나타난 분이 있었는데, 그분이 바로 예수 그리스도였다. 그분은 진정한 사랑이 무엇인지를 십자가 위에서 보여 주셨다. 그분은 죄인처럼 심판과 저주를 짊어지고 피를 흘리며 죽으셨다. 그리고 그분을 따르는 제자들에게 그분의 본을 따라서 "서로 사랑하라"는 계명을 주셨다. 그것도 목숨까지 버리면서 사랑하라는 명령을 주셨다. 이것이야말로 제자들이 따라야 하는 그리고 따를 수 있는 새 계명이다.

그런데 "서로 사랑하라"는 명령은 이스라엘 백성에게 주어진 명령과는 다른 점이 있다. 이스라엘 백성에게 "네 이웃 사랑하기를 네 자신과 같이 사랑하라"는 이스라엘 백성에게 국한되는 명령이었다. 그러나 예수님이 제자들에게 "서로 사랑하라"고 하신 명령은 모든 사람을 대상으로 하라는 것이다. 예수님이 십자가에서 보이신 사랑이 모든 사람들을 위한 것처럼 (요일 2:2 참조), 제자들도 역시 모든 사람들을 사랑해야 한다.

"서로 사랑하라"는 계명은 결국 이중적인 명령이다. 안으로 제자들 상호간에 서로 사랑해야 한다. 그리고 그런 사랑이 밖으로 믿지 않는 사람들에게 전달되어야 한다. 그런 이유 때문에 "서로 사랑하라"는 어두움과 불신의 세상에 있는 사람들에게 직접적으로 미칠 수 있는 기독교 증거의 방법이기도 하다.9) "내 말에 거하면 참 내 제자가 되리라"는 제자들의 삶에 개인적으로 영향을 미치는 명령이다. 그러나 "서로 사랑하라"는 새 계명은 내적으로 교제권의 삶을 가리키면서, 동시에 사랑 없는 교제권 밖의 사람들에게 사랑의 교제권으로 들어오라는 초청장이기도 하다.

3

과실을 맺는 제자

과실을 맺는 제자

"너희가 과실을 많이 맺으면 내 아버지께서 영광을 받으실 것이요,
너희가 내 제자가 되리라."

요한복음 15:8

들어가면서

예수님이 요한복음에서 제자도의 기준에 관하여 세 번째로
말씀하신 본문이다. "너희가 과실을 많이 맺으면, 내 아버지께
서 영광을 받으실 것이요, 너희는 내 제자가 되리라." 이 말씀
은 우리가 예수 그리스도의 제자가 되는 또 다른 방법을 제시
한다.

본문을 열면서

1. 열매

한 마디로 말하면, 과실을 많이 맺어야 한다. 물론 여기에서 과실(혹은 열매)은 구체적으로 전도의 열매를 의미한다. 우리가 믿지 않는 사람들에게 예수 그리스도를 전해서 그들이 예수님을 구세주로 믿는 것을 의미한다. 그러면 그들의 삶도 우리처럼 변화된다.[1]

그런데 요한복음 15장에는 *열매*라는 단어가 많이 나오는데, 정확하게 말하면 여덟 번이다. 그 열매를 자세히 추적하면 놀라운 사실을 발견할 수 있다. 그 사실을 발견하기 위하여 2절 후반부를 인용해보자: "무릇 열매를 맺은 가지는 더 열매를 맺게 하려 하여 그것을 깨끗하게 하시느니라." 그리고 8절의 말씀도 보자, "너희가 열매를 많이 맺으면...."

이런 묘사에서 무엇을 발견할 수 있는가? 점차적으로 열매를 많이 맺는다는 사실을 발견할 수 있다. 처음에는 "무릇 열매를 맺는 가지"이다. 이 묘사는 이런 의미를 포함한다. 우리가 비록 신앙을 가졌다 해도 처음부터 많은 열매를 맺지 못한다. 노력하고 기도하면서 이 사람 저 사람을 찾아다니면서 복음을 전하지만 쉽게 결실을 보지 못한다. 그러다가 하나님의 은혜로 한 사람을 예수 그리스도 앞으로 인도한다.

그 다음 단계로 우리는 더 기도하고, 더 열심을 내어 전도하게 된다. 하나님도 우리에게 더 큰 은혜를 부어 주시어 더 많은 열매를 맺기 시작한다. 마지막 단계는 본문에 있는 대로, "너희가 열매를 많이 맺으면"이다. 이것은 풍성한 열매, 넘치는 열매를 의미한다. 결국 2절과 8절에 의하면, 처음에는 *열매를 맺는* 단계이고, 그 다음에는 *더 많은 열매를 맺는* 단계이고, 마지막에는 *많은 열매를 맺는* 단계이다. 구태여 문법적으로 말하자면, 처음에는 원급, 그 다음에는 비교급, 그리고 마지막에는 최상급이다. 처음 열매를 맺는 단계는 원급이고, 더 많은 열매를 맺는 단계는 비교급이며, 마지막으로 많은 열매를 맺는 단계는 최상급이다.

여기에서 "맺는다"는 동사는 계속해서 열매를 맺는다는 계속적인 용법으로 사용된 동사이다. 열매를 한번만 맺고 마는 것이 아니라, 열매를 맺고 또 맺고 그리고 또 맺는 그런 계속적인 동작을 의미한다. 이처럼 우리가 계속적으로 열매를 맺을 뿐 아니라 많이 맺을 때, 예수 그리스도의 제자가 된다는 의미이다. 그렇다면 어떻게 열매를 많이 맺을 수 있는가? 요한복음 15장에서 제시하신 예수님의 세 가지 방법을 찾아보자.

1) 떼어내다

첫 번째 방법은 떼어내는 것이다. 2절의 말씀을 보면, "무릇... 열매를 맺지 아니하는 가지는 아버지께서 이를 제해 버리시고...." 여기에서 "제해 버리다"는 표현을 주목하라. 그 표현은 "떼어내다" 또는 "전지(剪枝)하다—가지를 잘라내다"이다.

과일 나무를 키운 적이 있는 사람은 이런 것을 경험한다. 과일 나무의 어떤 가지는 과일을 잘 맺지 못하고, 다른 가지는 과일을 잘 맺는다. 그러면 열매를 맺지 못하는 가지를 잘라낸다. 그 목적은 간단한데, 열매를 맺는 가지가 더 많은 열매를 맺게 하기 위함이다. 본문에서 이런 표현은 "제해 버리다"로 번역되었다. 다른 말로 표현하면 "떼어내다" 또는 "제거하다"의 의미이다.[2] 그래야 더 많은 열매를 맺기 때문이다.

이런 열매의 원리를 우리 그리스도인들은 어떻게 적용할 수 있는가? 우리가 한 사람씩 전도의 열매를 맺기 시작하면 너무나 기쁘고 감사하게 된다. 그 결과 자연스럽게 전도에 더 전념하게 된다. 따라서 우리는 전도하면서 덜 중요하게 여겨지는 것들을 잘라내기 시작한다. 하잘 것 없는 것들은 버리기 시작하는데, 이것이 바로 전지이다.

이런 전지는 과일 나무의 원리이다. 모든 가지를 다 가지고 있으면 열매가 부실하든지 아니면 열매를 맺을 수 없다. 그런 열매는 맺어도 아주 왜소(矮小)하거나, 맛이 떨어지거나, 일찍 떨어질 수 있다. 어떤 과수원 주인도 모든 가지를 그대로 내버려 두지 않는다. 열매를 맺는 가지로 하여금 더 열매를 맺게 하기 위하여 다른 가지를 잘라낸다.

우리에게도 끊임없이 잘라내는 삶, 다시 말해서 끊임없이 우리 자신을 비우는 삶이 일어나지 않으면 많은 열매를 맺을 수 없다. 따라서 열매를 많이 맺기 위해서 우리의 삶에서 자를 것은 잘라야 한다. 모든 것을 다 즐기면서 열매를 많이 맺는 것은 불가능하다. 우리에게는 어차피 하루에 24시간이 있다. 그 시간 안에 잠을 자야 하고, 먹어야 하고, 직장에서 일도 해야 한다. 이런 것들은 반드시 해야 될 일들이다. 그리고 그 나머지 시간 중에서 우리는 선택할 수밖에 없다. 필연적으로 우리의 삶에 자르지 않으면 안 될 부분이 생기게 된다.

2) 깨끗하다

두 번째 방법은 "깨끗하게 하는" 것이다. 3절의 말씀을 보자, "너희는 내가 일러 준 말로 이미 깨끗해졌으니...." 열매를 많이 맺기 위해서는 가지가 깨끗해져야 한다. 가지가 깨끗하지 않아 벌레가 먹거나 잡풀이 무성하면, 그 가지는 당연히 열매를 많이 맺지 못한다. 그러나 그 가지가 깨끗함을 유지하면 열매를 많이 맺는다. 예수님은 제자들을 가지에 비유하면서 "너희"를 강조하셨다. 마찬가지로 예수 그리스도의 제자가 되기 위해 열매를 많이 맺으려면 우리도 깨끗한 삶을 유지해야 한다. 그러면 어떻게 우리가 깨끗하게 되는가? 예수님은 그분이 일러 준 말씀으로 깨끗해진다고 하셨다.

그 말씀의 의미를 좀더 살펴보자. 먼저, 우리가 예수님을 구세주로 모셔 들일 때 죄를 용서받는다. 다시 말해서, 그 때 우리는 예수님의 피로 깨끗해진 것이다. 그러나 그것만은 아니다. 우리는 구원받은 후에도 깨끗한 삶을 영위(營爲)해야 한다. 어떻게 해야 그처럼 깨끗한 삶을 살아가는가? 우리는 하나님의 말씀에 우리 자신을 비추어보아야 한다. 하나님의 말씀을 늘 읽고, 묵상하고, 우리의 삶 속에 적용하고, 그리고 그 말씀에 조건 없이 순종해야 한다.

말씀에 비추어서 우리의 사고나 언행에 잘못된 것이 있으면 즉각적으로 그것을 버려야 한다. 그리할 때 주님은 다시 그분의 피로 우리를 정결하게 하신다. 우리가 아무리 깨끗한 삶을 살겠다고 결심해도 그것은 불가능하다. 그것은 불신자의 삶이다. 우리 그리스도인들은 하나님의 말씀을 듣고 순종할 때 성령의 임재와 도우심으로 깨끗하게 된다. 그러므로 말씀에 깊이 들어가는 것에 비례해서 우리의 삶이 그만큼 깨끗해진다. 그리고 깨끗해진 삶을 통해 주님은 열매를 맺기 시작하신다.

전도의 열매는 맺기 어려운 것이다. 전도의 열매는 성령이 역사하시지 않으면 전혀 불가능하다. 그러면 어떤 그리스도인들을 통해 전도의 열매가 나타나는가? 그것은 두말할 필요도 없이 성령의 인도와 역사를 경험하는 사람들을 통해서이다. 그렇다면 성령은 누구를 통해서 역사하시는가? 성령은 깨끗한 그리스도인들을 인도하시고 또 그들을 통해 역사하신다. 그런 이유 때문에 주님은 우리가 깨끗해야 열매를 많이 맺는다고 말씀하셨다.

3) 예수님 안

세 번째 방법은 "예수님 안에 거해야" 한다. 5절의 말씀을 보자, "나는 포도나무요, 너희는 가지라. 저가 내 안에 내가 저 안에 있으면 이 사람은 과실을 많이 맺나니, 나를 떠나서는 너희가 아무 것도 할 수 없음이라." 나무를 떠난 가지가 열매를 맺을 수 있는가? 그것은 절대로 불가능하다.

마찬가지로, 포도나무의 가지인 우리는 예수님 안에 거해야 한다. 예수님 안에 거한다는 표현은 그분과 영적으로 그리고 지속적으로 교제한다는 뜻이다.3) 우리가 예수님과 밀접한 관계를 유지할 때 우리는 열매를 많이 맺을 수 있다. 이런 관계를 예수님은 이렇게 말씀하신 적이 있다. "그 날에는 내가 아버지 안에, 너희가 내 안에, 내가 너희 안에 있는 것을 너희가 알리라" (요 14:20).4) 그러면 어떻게 예수님 안에 거할 수 있는가? 먼저는 확실히 거듭나야 한다. 그 다음에는 거룩한 삶을 유지해야 한다. 마지막으로 성령으로 충만한 삶을 경험해야 한다.

포도나무 가지가 어떤 노력이나 결심으로 열매를 맺을 수 있는가? 물론 그것은 불가능하다! 가지는 포도나무에 붙어 있기만 하면 된다. 그러면 저절로 열매를 많이 맺게 된다. 그런 이유 때문에 예수님은 "나를 떠나서는 너희가 아무 것도 할 수 없음이라"고 말씀하셨다.

허드슨 테일러(Hudson Taylor)의 영적 경험은 이런 것을 잘 예시한다. 그는 유명한 중국 선교사이다. 그는 영국 의사로서 중국으로 들어갔다. 그는 열심히 기도하고 전도했으나, 열매는 없었다. 그는 중국 사람과 똑같이 입고, 먹고, 여행하면서 살았다. 그래도 열매는 없었다. 그러다 어느 날 놀라운 진리를 깨달았다. 그것은 그가 그리스도 안에, 그리고 그리스도가 그 안에 거하신다는 사실을 깨닫게 된 것이다. 그 사실을 경험적으로 깨달은 후부터 그는 열매를 맺기 시작했다. 그리고 그는 많은 열매를 맺었다.

그리스도인은 한편 잘라내고 또 한편 깨끗해지면서 그리스도와 밀접한 관계를 유지해야 한다. 그런데 자르고 깨끗해진다는 것을 다른 말로 표현하자면, 곧 죽음을 의미한다. 그리고 예수 그리스도 안에 거한다는 것은 부활의 생명을 의미한다. 예수 그리스도가 십자가에서 죽으셨다가 부활하심으로 많은 열매를 맺으셨다. 마찬가지로, 그리스도인도 매일 죽음과 부활을 경험하면서 많은 열매를 맺게 된다.

2. 결과

그리스도인이 열매를 많이 맺으면 그에 상응(相應)하는 결과가 따른다. 그 결과는 한 마디로 "너희가 내 제자가 되리라"이다. 그러나 주님의 제자가 되기 이전에 먼저 살펴보아야 할 결과가 있다. 그것은 "내 아버지께서 영광을 받으실 것이요"이다.

1) 아버지

우선, 여기에 제시된 아버지에 대하여 살펴보자. 영광을 받으실 아버지에 대하여 예수님은 요한복음 15장 1절에서 이렇게 묘사하셨다. "나는 참 포도나무요, 내 아버지는 농부라." 이 말씀에 의하면, "내 아버지," 곧 "예수님의 아버지"는 "하나님 아버지"이시며 동시에 농부이시다. 그리고 포도나무는 예수님이시다.

이 농부는 포도나무를 키우는 과수원지기라고 할 수 있다. 그 과수원지기는 무엇을 하는가? 그는 열심히 잡초를 뽑고, 물과 비료도 주며, 부실(不實)한 가지도 자른다. 새들이 오면 쫓고, 가지들이 서로 엉키면서 올라갈 수 있도록 돕는다. 왜 과수원지기는 이런 일들을 하는가? 목적은 토실토실한 포도송이들을 많이 맺게 하기 위해서이다. 그리고 그 포도송이들을 따서 먹든지, 팔든지, 아니면 포도주를 만들든지 한다.

그렇다! 농부가 열심히 일하는 목적은 많은 열매를 맺기 위해서이다. 그리고 많은 열매를 맺으면 농부는 영광을 받는다. 당연하다! 작년에 우리 한국에 계속 비가 오락가락했다. 태풍 사라도 왔다. 어떤 농부는 열심히 일한 보람도 없이 엉망이 된 농사를 보고 논바닥에 주저앉아서 울었다. 어떤 농부는 기대했던 풍성한 열매를 보지 못했기 때문에 자살했다. 반면에 어떤 농부들은 땀을 흘리며 수고한 보람이 있어서 기뻐했다. 그처럼 풍성한 수확은 농부의 영광이라고 할 수 있다.

농부이자 하나님 아버지인 예수님의 아버지를 강조하면서 예수님은 이렇게 말씀하셨다. "내 아버지께서 영광을 받으실 것이요." 가지인 우리가 많은 열매를 맺으면 예수님의 아버지가 영광을 받으신다.[5] 그 이유는 예수님이 포도나무이기 때문이다. 그 포도나무로 인하여 가지가 된 우리가 열매를 맺는 것이 과수원지기이신 하나님의 뜻이요, 바램이기 때문이다.

2) 영광

아버지가 영광을 받으신다는 것은 그분이 받으시는 기쁨과 명예를 말한다. 그런데 이런 영광은 창세 전부터 있었던 영광이다. 예수님의 기도에서도 이 사실을 분명히 하셨다. "아버지여, 창세 전에 내가 아버지와 함께 가졌던 영화로써 지금도 아버지와 함께 나를 영화롭게 하옵소서" (요 17:5). 하나님은 창세 전부터, 다시 말해서, 이 세상을 만드시기 전부터 영광을 가지셨다. 그것은 성부 성자 성령이 함께 나누시는 영광이었다. 보다 쉽게 말하면 하나님의 영광은 하나님 자신을 가리킨다. 구약성경을 보면 그 의미가 분명히 드러난다. 하나님이 인간 속에 임재하시면 그것은 바로 하나님의 영광으로 표현되었다. 하나님은 시시때때로 인간 속에 임재하셨다. 모세에게도 임재하셨고 (출 3), 이스라엘 백성들 가운데도 임재하셨고 (출 40; 대하 7), 이사야에게도 임재하셨다 (사 6). 그리고 하나님이 임재하실 때마다 그분의 영광이 온 땅에 충만했다.

그렇다면 "너희가 열매를 많이 맺으면 내 아버지께서 영광을 얻으실 것이요"는 무슨 의미인가? 그것은 하나님이 임재하셨다는 의미이다. 왜 그런가? 모든 인간은 영적으로 죽은 상태에서 태어난다. 아담과 하와가 범죄했을 때 그들로부터 하나님의 영이 떠나갔다. 그 이후로 모든 인간은 영적으로 죽은 사람들이다 (롬 5:12). 에베소서 2장 1절에 의하면, 모든 사람은 영적으로 죽었으며 또 영적으로 다시 살 수 있다, "너희의 허물과 죄로 죽었던 너희를 살리셨도다."

이처럼 영적으로 죽은 인간들을 다시 살리기 위하여 하나님은 그 아들 예수 그리스도를 보내셨다. 하나님의 뜻에 따라, 예수님은 영적으로 죽은 인간들의 죄와 죽음을 대신하여 십자가에서 죽으셨다. 그리고 그분은 사흘 만에 죽은 자 가운데서 다시 살아나셨다. 예수님이 부활하셨다는 사실은 하나님이 임재하셨다는 의미이다. 그런 이유 때문에 예수님은 부활을 영광이라고 묘사하셨다. 요한복음 12장 28절에서 예수님은 이렇게 기도하셨다. "아버지여, 아버지의 이름을 영광스럽게 하옵소서." 그리고 하나님은 이렇게 대답하셨다. "내가 이미 영광스럽게 하였고 또 다시 영광스럽게 하리라."

여기에서 두 번 나오는 영광은 다 부활을 가리킨다. 첫 번째 영광, 곧 "이미 영광스럽게 하였고"는 요한복음 11장에 기록된 나사로의 부활을 가리킨다. 나사로가 죽은 지 나흘 만에 다시 살아났다는 것은 하나님이 임재하셨다는 뜻이며, 따라서 영광으로 묘사되었다 (요 11:40-44). 그리고 두 번째 영광, 곧 "또 다시 영광스럽게 하리라"는 예수님의 부활을 의미한다. 예수님의 부활은 하나님의 임재를 극명하게 드러낸 사건이다.

우리가 십자가에서 죽으셨다가 부활하신 예수님을 우리의 구세주로 영접할 때, 우리는 영적으로 다시 살아난다. 다른 말로 하면, 하나님이 임재하셨다는 의미이다. 그리고 우리가 감격에 넘쳐서 다른 사람들에게 복음을 전하고, 그 결과 그들이 예수님을 그들의 구세주로 영접할 때, 그들도 영적으로 다시 살아난다. 하나님이 그들의 삶에도 임재하신 것이다. 복음전도를 통하여 하나님이 영광을 받으신다. 그런 이유 때문에 우리 그리스도인들이 짧은 인생을 살면서 전도하는 것은 가장 영광스러운 사역이다. 죽은 영혼을 살려내는 것만큼 영광스러운 일은 없을 것이다.

주님은 제자에 대하여 요한복음에서 세 번이나 말씀하셨다. 8장에서는 "너희가 내 말에 거하면 참 내 제자가 되리라"고 말씀하셨다. 13장에서는 "너희가 서로 사랑하면 이로써 모든 사람이 너희가 내 제자인 줄 알리라"고 말씀하셨다. 그런데 이런 말씀에는 하나님이 영광을 받으신다는 표현이 없다. 오직 본문에서만 하나님의 영광이 나온다. "너희가 열매를 많이 맺으면 내 아버지께서 영광을 받으실 것이요, 너희가 내 제자가 되리라."

바로 이런 영광을 위해서 성부 성자 성령은 논의하셨다. 성부 하나님은 인간의 구원을 계획하셨다. 그리고 성자 하나님은 그 계획을 몸소 실천하셨다. 영광의 하늘나라를 버리고 인간이 되어 인간 속으로 오셨다. 그리고 마침내 십자가에서 죽으시고 부활하셨다. 성령 하나님은 복음이 전해질 때 역사하셔서 영혼들을 살려내신다. 그런 이유 때문에 전도의 열매는 하나님에게 영광을 돌린다.

3) "되리라"

마지막으로 "되리라"를 살펴보자. 우리가 전도의 열매를 많이 맺으면 하나님에게 영광을 돌리는 것으로 끝나지 않는다. 더 나아가서 예수님은 이렇게 약속하셨다. "너희는 내 제자가 되리라." 예수님의 제자가 된다는 사실은 구체적으로 무엇을 의미하는가? 그 의미는 *되리라*는 단어를 살펴볼 때 분명히 드러난다. *되리라*는 인격적인 관계와 교제를 맺었다는 사실을 뜻한다.[6] 다시 말해서, 특별한 관계로 들어갔다는 의미이다. 그리고 그처럼 특별한 관계를 맺은 사람들은 특별한 공동체에 속하게 되는데, 바로 제자들의 공동체이다.[7]

그러면 예수님의 제자들은 언제부터 그분과 특별한 관계를 갖게 되었는가? 그것은 예수님이 그들을 찾아가서 "나를 따라오너라"고 부르셨을 때부터이다. 우리는 언제부터 예수님과 특별한 관계를 맺기 시작했는가? 그것은 두말할 필요도 없이 우리가 거듭날 때부터이다. 거듭날 때 우리에게 적어도 두 가지 역사가 우리의 삶에 일어났다. 하나는 예수님의 피로 죄를 용서받은 것이다. 또 하나는 성령이 우리 안에 들어오신 것이다. 다시 말해서, 하나님이 임재하셔서 그 영광을 드러내셨다는 의미이다.

이처럼 우리가 거듭나는 과정을 통과하면 확실한 성도가 된다. 그러나 그 경험은 시작에 불과하다. 예수 그리스도의 제자가 되기 위해서는 예수님을 주님으로 삼은 결단이 있어야 한다. 그런 결단 때문에 우리의 신앙 생활은 성장하기 시작한다. 성장한다는 것은 예수님을 닮아가는 인격과 행위라고 말할 수 있다. 그처럼 예수님을 닮기 위해서 우리는 매일 하나님과의 올바른 관계를 유지해야 할 뿐 아니라, 다른 사람들과도 올바른 관계를 유지해야 한다.

그러면서 우리는 자연스럽게 다른 사람들에게 영향을 미치는 삶을 살기 시작한다. 이런 영향력은 변화된 삶의 결과이다. 중생(重生)과 성장을 통하여 변화된 사람은 필연적으로 다른 사람들에게 영향을 끼치게 된다. 다른 사람들에게 영향은 이중적이다. 먼저 다른 그리스도인들에게 변화된 삶을 통하여 그들도 성장하도록 안내하고 도전한다. 동시에 믿지 않는 사람들에게 언행(言行)을 통하여 복음을 전한다. 이런 삶이 바로 우리가 예수 그리스도의 제자라는 실증(實證)이다. 자기 만족으로 끝나는 중생과 신앙 성장은 결코 예수 그리스도의 제자의 삶은 아니다.

나가면서

오늘날 한국에는 교회에 다니는 사람이 많아서 인구의 1/4이나 된다. 그 중에 거듭난 그리스도인들은 많지 않다. 거듭난 그리스도인들 가운데 성경대로 살면서 성장하려고 애쓰는 성도는 더 적다. 더 나아가, 복음전도의 열매를 맺으면서 하나님에게 영광을 돌리고 동시에 예수 그리스도의 제자로 살아가는 사람은 너무나 적다. 성경에 의하면, 모든 그리스도인은 사역자가 되어야 한다. 그리고 모든 사역 중에서 가장 중요한 것은 역시 복음전도이다. 그 결과 전도의 열매를 많이 맺으면 예수 그리스도의 제자가 되는 것이다.

4

제자의 삶

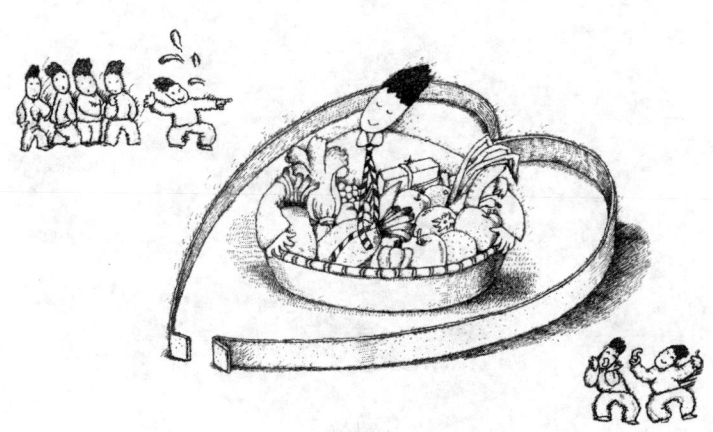

제자의 삶

"너희가 내 말에 거하면 참으로 내 제자가 되리라."

요한복음 8:31

"너희가 서로 사랑하면 이로써 모든 사람이 너희가 내 제자인 줄 알리라."

요한복음 13:35

"너희가 열매를 많이 맺으면 내 아버지께서 영광을 받으실 것이요 너희는 내 제자가 되리라."

요한복음 15:8

들어가면서

우리는 지금까지 *예수 그리스도의 제자*란 제목으로 요한복음에 제시된 예수님의 말씀 세 군데를 살펴보았다. 요한복음 8

장에서는 예수님이 "너희가 내 말에 거하면 참으로 내 제자가 되리라"고 하셨다. 이 말씀의 강조점은 두말할 필요도 없이 "말씀"이다. 예수님의 제자가 되려면 예수님의 말씀에 거해야 한다. 그리고 말씀에 거하기 위해서는 말씀을 규칙적으로 듣고, 읽고, 암송하고, 연구하고, 묵상하고, 또 순종해야 한다. 그리할 때 우리는 예수님의 제자가 된다.

두 번째로 요한복음 13장에서 예수님은 이렇게 말씀하셨다: "너희가 서로 사랑하면 이로써 모든 사람이 너희가 내 제자인 줄 알리라." 이 말씀의 강조점은 "서로 사랑하라"이다. 우리들이 서로를 사랑하지 않으면 예수 그리스도의 제자가 될 수 없다는 말씀이다. 그러나 우리가 서로 사랑하면 믿는 사람들뿐 아니라 믿지 않는 사람들조차도 우리를 예수 그리스도의 제자로 여긴다는 말씀이다. 자연스럽게 밖으로 흘러나가는 영향력을 의미한다.

그런 이유 때문에 세 번째의 말씀은 요한복음 15장의 말씀이다. "너희가 열매를 많이 맺으면 내 아버지께서 영광을 받으실 것이요, 너희는 내 제자가 되리라." 다른 말로 표현하면, 우리가 내적으로 "서로 사랑하면" 외적으로 믿지 않는 사람들에게 쉽게 접근할 수 있다. 접근으로 끝나는 것이 아니라, 그들에게 "사랑"의 근원이신 하나님을 소개할 수 있게 된다. 하나님을 소개하다 보면 당연히 구세주 되신 예수 그리스도를 전하게 된다. 그러면서 전도의 열매가 맺혀진다. 그리고 그 열매가 많아지면서 우리는 예수 그리스도의 제자로 인정받게 된다.

본문을 열면서

이제 이 세 곳의 말씀을 한꺼번에 살펴보자. 그 이유는 간단하다! 예수 그리스도의 제자는 이 세 가지의 명령 가운데 어느 하나 소홀히 해서도 안 되며, 또 어느 하나만 행해도 안 되기 때문이다. 예수 그리스도의 제자는 이 세 가지의 특성을 모두 지녀야 된다. 그렇다면 예수 그리스도의 제자가 되기란 너무 어려운 것이 아닌가? 그렇지 않다. 예수 그리스도의 제자가 된다는 것은 어렵거나 쉬운 문제가 아니라, 정상적인 그리스도인의 삶을 살아가느냐 아니냐에 있다. 그렇다면 무엇이 정상적인 그리스도인의 삶인가?

1. 개인의 삶

첫째, 요한복음 8장의 말씀, 곧 "너희가 내 말에 거하면 참으로 내 제자가 되리라"는 개인의 삶을 강조한다. 왜 이 말씀이 개인의 삶을 강조하는가? 그 이유는 간단하다. 어떤 사람도 주님의 말씀을 우리를 위하여 대신 읽어 줄 수 없다. 어떤 사람도 하나님의 말씀을 대신 암송해 줄 수 없다. 어떤 사람도 진리의 말씀을 대신 묵상해 줄 수 없다. 더군다나 어떤 사람도 영원한 말씀을 대신 순종해 줄 수 없다. 각자가 성경을 읽고, 각자가 암송하고, 각자가 묵상하고, 그리고 각자가 순종해야 한다.

바로 그런 이유 때문에 예수님은 제자들을 선택하시고 최초로 사역하실 때도 제일 먼저 가르침을 주셨다. 마태복음 4장 23

절을 보자: "예수께서 온 갈릴리에 두루 다니사 그들의 회당에서 가르치시며, 천국 복음을 전파하시며, 백성 중의 모든 병과 모든 약한 것을 고치시니라." 이 삼중적인 사역—지적 사역, 영적 사역, 육적 사역—은 사람들의 필요를 채워 주시는 것이지만, 더욱 중요한 것은 제자들을 위한 시범 사역이었다. 왜냐하면 예수님의 사역을 통해 은혜받은 대중은 결국 예수님을 십자가에 못 박는 데 일조했기 때문이다. 그러나 제자들은 예수님의 첫 사역에 깊은 인상을 받고 그것을 일생 사역에서 모델로 삼았다. 그런데 이 삼중적인 사역 가운데 제일 먼저 나오는 것은 바로 가르침이었다. 왜냐하면 예수님은 제자들이 예수님의 말씀에 거하기를 원하셨기 때문이다.

예수님이 제자들을 훈련시키고 제일 먼저 파송하면서 사역을 시키신 것은 마태복음 10장에서이다. 그런데 예수님은 그들을 보내시기 직전에 다시 한 번 시범적인 사역을 보여 주셨다. 그들의 사역에 모델을 다시 한 번 강조해서 보여 주기 원하셨기 때문이다. 마태복음 9장 35절을 보자: "예수께서 모든 도시와 마을에 두루 다니사 그들의 회당에서 가르치시며, 천국 복음을 전파하시며, 모든 병과 모든 약한 것을 고치시니라." 여기에서도 먼저 강조된 것은 역시 가르침이다.

예수님이 제자들에게 보여 주신 대로, 우리도 예수 그리스도의 제자가 되려면 그분의 말씀에 거해야 한다. 물론 위의 구절들이 포함하고 있는 것처럼 복음도 전하고 치유의 사역도 해야 한다. 그러나 무엇보다도 그분의 말씀에 거해야 한다. 그리고 말씀에 거하는 것은 개인적으로 해야 한다. 우리는 성경을 배울 수 있다. 우리는 성경적인 설교도 들을 수 있다. 그러나 그것만으로는 예수 그리스도의 제자가 될 수 없다. 우리는 몸소 성경을 상고하면서 말씀에 거해야 한다.

예수 그리스도의 제자는 바로 여기에서 시작된다. 다시 말해서, 그리스도인 각자의 삶에서 예수 그리스도의 제자가 되어야 한다는 말이다. 어떤 누구도 우리를 대신하여 예수 그리스도의 제자가 되어 줄 수 없다. 예수 그리스도의 제자는 개인의 삶에서 시작된다. 개인의 삶에서 주님의 말씀에 거하려는 인격적인 결단과 실천이 없다면 누구도 예수 그리스도의 제자가 될 수 없다. 우리는 예수 그리스도의 제자인가? 그렇다면 오늘도 그리고 매일 성경 말씀을 읽고 있는가? 매일 말씀을 읽으며, 암송하고, 묵상하며, 순종하는가?

2. 신앙 공동체의 삶

둘째, 요한복음 13장의 말씀, 곧 "너희가 서로 사랑하면 이로써 모든 사람이 너희가 내 제자인 줄 알리라"는 신앙 공동체의 삶을 강조한다. 왜 이 말씀이 신앙 공동체의 삶을 강조하는가? 그 이유는 간단하다. "서로 사랑하라"는 신앙인들이 나누는 사랑을 의미하기 때문이다. 특별히 이 말씀은 예수님이 홀로 될 제자들에게 강조하신 말씀이다. 예수님은 며칠 후 제자들을 떠나실 예정이었다. 그리고 떠나면서 마지막으로 제자들에게 남긴 말씀이 바로 "서로 사랑하라"는 것이다.

어떤 신학자는 예수 그리스도의 제자들이 달고 다닐 배지

(badge)는 사랑이라고 했다.[1] 그리스도인들은 예수님의 성품을 지닌 사람들이다. 그분의 성품 가운데 가장 두드러진 것은 역시 "사랑"이기 때문이다. 예수 그리스도는 사랑 때문에 하늘의 모든 영광을 포기하셨다. 사랑 때문에 인간의 희로애락(喜怒哀樂)을 감수하셨다. 사랑 때문에 십자가에서 목숨을 내놓으셨다. 그런 사랑 때문에 우리는 모두 예수 그리스도의 제자가 되었다. 그리고 그분의 제자로서 우리는 그분의 성품, 곧 사랑의 배지를 달고 다녀야 한다.

결국 예수 그리스도의 제자는 개인적으로 "말씀에 거해야 하지만," 그것만으로는 안 된다. 신앙 공동체 안에서 삶을 나누어야 한다. 그런 이유 때문에 신앙 공동체는 예수 그리스도의 제자에게는 없어서는 아니 될 훈련의 장이다. 왜 훈련의 장인가? 신앙 공동체 안에서 인격이 형성되어지기 때문이다. 어떻게 인격이 형성되어지는가? 사람들 속에서 부딪치고, 반성하면서 점진적으로 인격이 형성되어진다.

신앙 공동체는 그 표현 자체가 의미하듯, 공통의 신앙 때문에 모여진 그룹이다. 다시 말해서, 예수 그리스도를 구세주로 믿은 사람들의 모임이다. 그런 믿음이 없다면 그 사람은 아직 신앙 공동체의 일원이 아니다. 그러나 신앙은 같지만 배경이 모두 다르다. 그러므로 그 공동체 안에서 갈등도 일어날 수 있다. 거기에서 미움도 생길 수 있다. 거기에서 자신의 약점을 감추려고 할 수도 있다. 거기에서 자신을 드러내려고 애를 쓸 수도 있다. 하여튼 각종의 사람들이 모이다 보면 갈등의 소지는 얼마든지 있다. 그러나 우리는 "서로 사랑하라"는 명령 아래 있는 신앙 공동체이다. 그런 까닭에 우리는 신앙 공동체 안에서 신앙 인격이 형성되어져 가는 것이다.

신앙 공동체가 훈련의 장인 이유가 또 있다. 그 곳에서 우리는 적극적으로 사랑을 표현할 수 있기 때문이다. 외로운 형제 자매의 고독을 달래 줄 수도 있다. 상처받은 어떤 형제 자매의 아픔을 나눌 수도 있다. 어려운 어떤 형제 자매의 경제적인 필요를 나눌 수도 있다. 서로의 장점을 치켜세우면서 격려할 수도 있다. 그 공동체 안에서 우리의 은사를 개발시킬 수도, 그리고 그 은사를 사용할 수도 있다.

예수 그리스도의 제자는 개인적으로 주님의 말씀에 거해야 한다. 그러나 동시에 신앙 공동체 안에서 서로 사랑해야 한다. 이 두 가지는 동전의 양면과 같다. 하나는 있고 다른 하나는 없어도 되는 것이 아니다. 둘이 반드시 함께 가야 하는 숙명적인 것이다. 이것을 바꾸어 말하면, 개인적으로 말씀에 거하지 않으면 신앙 공동체 안에서 서로 사랑할 수 없다. 거꾸로, 공동체 안에서 서로 사랑할 수 없으면 개인적으로도 말씀에 거할 수 없다.

3. 세상에서의 삶

셋째, 요한복음 15장의 말씀, 곧 "너희가 열매를 많이 맺으면 내 아버지께서 영광을 받으실 것이요, 너희는 내 제자가 되리라"는 세상에서의 삶을 강조한다. 왜 이 말씀이 세상에서의 삶을 강조하는가? 그 이유는 간단하다. 열매는 전도의 열매를 의미하기 때문이다. 그리고 전도의 열매를 맺을 수 있는 곳은 바로 세상, 곧 믿지 않는 사람들이 사는 세상이다.

예수 그리스도의 제자는 산속이나 사막에 홀로 살면서 말씀만 연구하고 묵상하지 않는다. 그것은 제자의 삶이 아니라 은둔자(隱遁者)의 삶이다. 뿐만 아니라, 예수 그리스도의 제자는 신앙 공동체 안에서만 살지 않는다. 물론 신앙 공동체에는 사랑이 있다. 예배와 기도와 말씀 그리고 교제가 있다. 그러므로 모든 그리스도인은 그런 공동체를 사랑한다. 그러나 주님이 우리를 세상에서 불러내신 것은 세상과의 결별을 위해서가 아니다. 신앙 공동체 안에서 받은 훈련과 사랑을 가지고 세상으로 다시 돌아가라고 불러내신 것이다.

그렇다! 세상은 예수 그리스도의 제자에게는 없어서는 아니 될 또 하나의 훈련장이다. 어떻게 세상에서 그리고 불신자들 속에서 훈련을 받는가? 그것은 불신자들에게 하나님의 사랑을 전하면서이다. 불신자들에게 하나님의 사랑을 전하여 많은 열매를 맺으려면 많은 훈련이 필요하다.

전도 훈련도 받아야 한다. 전도 훈련을 받지 못하면 불신자들에게 어떻게 전도해야 할지 모르기 때문이다. 그리고 전도하면서 불신자들과 접촉하는 훈련을 받아야 한다. 그런 훈련을 받기 위해서는 불신자들을 만나야만 된다. 불신자들을 만나서 하나님의 사랑을 전할 때 반드시 좋은 반응만 보이는 것은 아니다. 때때로 그들은 예수 그리스도의 제자를 미워할 수 있다. 어떤 의미에서 *미움*과 *열매*는 같이 간다. 왜냐하면 미움을 각오하지 않고 전도할 수 없기 때문이고, 전도하면 개중에는 미워하는 사람들이 있게 마련이기 때문이다.

　예수 그리스도는 요한복음 15장에서 열매를 여덟 번 말씀하셨다. 그러나 놀라지 말라, 미움도 여덟 번 말씀하셨다! (물론 한글 성경에서는 미움이 일곱 번밖에 나오지 않지만 말이다.) 이것은 놀라운 조화가 아닌가? 그렇다! 우리가 예수 그리스도의 제자가 되려면 필연적으로 열매를 맺어야 한다. 그리고 열매를 맺으려면 필연적으로 미움을 받을 수밖에 없다. 그러나 그렇게 세상에서 열매를 맺으면 우리는 예수 그리스도의 제자임이 실증되는 것이다.

　그러나 *미움*에 대해서 한 마디 하지 않을 수 없는 것이 있다. 여기에 나오는 미움은 우리의 잘못 때문에 받는 미움과는 다르다. 종종 그리스도인들이 불신자들에게 잘못함으로 미움을 받을 때가 있다. 그것은 당연히 받아야 될 미움이다. 예수님이 말씀하시는 미움은 예수 그리스도의 제자가 선을 행하면서도 전도하기 때문에 받는 미움을 가리킨다 (벧전 2:20). 그러므로 우리는 죄 때문에 혹은 잘못 때문에 미움을 받지 않도록 각별한 노력을 해야 한다.

　그러나 동시에 불신자들로부터 받을 미움을 피하기 위해서 타협해서도 안 된다. 어떻게 타협할 수 있는가? 첫 번째 타협은 그들에게 복음을 전하지 않는 것이다. 복음을 전하면 불신자들로부터 미움을 받거나 따돌림을 받을 수 있기 때문이다. 두 번째 타협은 더 나아가 불신자들과 똑같이 말하고 행동하는 것이다. 처음에는 그렇게 시작하지만, 결국에는 그들과 함께 어울리면서 온갖 유혹을 받는다. 그리고 마침내 그들과 같이 죄를 범하게 된다. 물론 그렇게 할 때 불신자들의 친구는 될 수 있지만, 그들로부터 신뢰를 받지 못하는 형식적인 그리스도인으로 간주될 것이다.

나가면서

그렇다! 예수 그리스도의 제자는 개인의 삶에서, 신앙 공동체의 삶에서, 그리고 세상에서의 삶에서 나타나야 한다. 그리고 이 세 가지 삶은 결국 하나이다. 말씀 안에 거하지 않으면 전도할 수 없으며, 또 전도하지 않으면 말씀에 깊이 들어갈 수 없다. 그리고 그 가운데 신앙 공동체가 있다. 세상에서 전도하다 미움을 받으면 다시 공동체 안에서 서로 사랑하면서 위로를 받는다. 다시 신앙의 회복을 경험하면서 힘을 얻는다. 그리고 다시 세상으로 나아갈 준비가 되는 것이다.

이 세 가지 삶의 연관성을 다음과 같이 원으로 묘사할 수 있을 것이다.

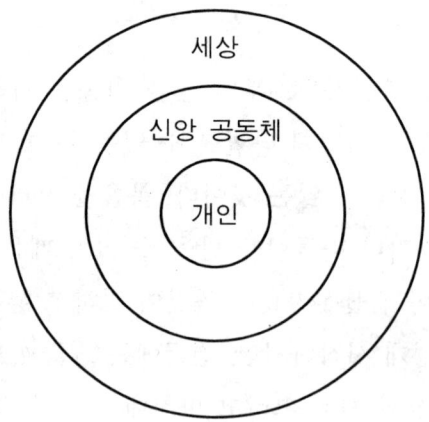

물론 가장 안에 있는 원은 개인의 삶을 가리킨다. 그리고 그 후의 원은 신앙 공동체의 삶을 가리키며, 밖에 있는 원은 세상에서의 삶을 가리킨다. 다시 말해서, 가장 심층적(深層的)인 것은 역시 개인의 삶이다. 왜냐하면 개인의 삶이 절제되고 훈련되어야 다른 모든 외적인 삶의 방향을 결정하기 때문이다. 이처럼 개인적으로 올바른 삶을 영위한 제자들이 공동체를 이룰 때 그 공동체는 건강하다. 그리고 건강한 공동체는 자연스럽게 세상에 영향을 미치기 시작한다.

II. 베드로가 제시한 제자

5. 제자의 가르침

6. 개인의 삶

7. 신앙 공동체의 삶

8. 세상에서의 삶

5

제자의 가르침

제자의 가르침

"그러므로 모든 악독과 모든 기만과 외식과 시기와 모든 비방하는 말을 버리고, 갓난 아기들 같이 순전하고 신령한 젖을 사모하라. 이는 그로 말미암아 너희로 구원에 이르도록 자라게 하려 함이라. 너희가 주의 인자하심을 맛보았으면 그리하라. 사람에게는 버린 바가 되었으나 하나님께는 택하심을 입은 보배로운 산 돌이신 예수께 나아가 너희도 산 돌 같이 신령한 집으로 세워지고, 예수 그리스도로 말미암아 하나님이 기쁘게 받으실 신령한 제사를 드릴 거룩한 제사장이 될지니라. 성경에 기록되었으되, '보라, 내가 택한 보배로운 모퉁잇돌을 시온에 두노니 그를 믿는 자는 부끄러움을 당하지 아니하리라' 하였으니, 그러므로 믿는 너희에게는 보배이나 믿지 아니하는 자에게는 '건축자들이 버린 그 돌이 모퉁이의 머릿돌이 되고,' 또한 '부딪치는 돌과 걸려 넘어지게 하는 바위가 되었다' 하였느니라. 그들이 말씀을 순종하지 아니하므로 넘어지나니, 이는 그들을 이렇게 정하신 것이라. 그러나 너희는 택하신 족속이요, 왕 같은 제사장들이요, 거룩한 나라요, 그의 소유가 된 백성이니, 이는 너희를 어두운 데서 불러내어 그의 기이한 빛에 들어가게 하신 이의 아름다운 덕을 선포하게 하려 하심이라. 너희가 전에는 백성이 아니더니, 이제는 하나님의 백성이요, 전에는 긍휼을 얻지 못하였더니, 이제는 긍휼을 얻은 자니라."

베드로전서 2:1-10

들어가면서

우리는 "예수 그리스도의 제자"란 제목으로 주님이 요한복음을 통하여 말씀하신 내용을 구체적으로 살펴보았다. 예수님은 요한복음 8장에서 "말씀에 거하는 제자"에 대하여 말씀하셨다. 요한복음 13장에서는 제자들에게 "서로 사랑하라"고 명령하셨다. 그리고 요한복음 15장에서는 "열매를 많이 맺는" 제자에 대하여 말씀하셨다. 그리고 이 세 군데의 말씀은 제자들의 *개인의 삶, 신앙 공동체의 삶* 및 *세상에서의 삶*을 각각 강조한다고 했다.

그런데 예수님을 3년이나 따라다니면서 보고, 배우고, 닮아간 제자들이 그들에 관한 이런 특별한 가르침을 소홀히 했을 리가 없다. 그들은 개인적으로 말씀에 전적으로 매달리면서 살았으며 (행 6:4), 신앙 공동체에서 깊은 교제를 나누었으며 (행 2:42), 핍박하는 유대인들과 압도하는 로마인들을 향하여 복음을 외쳤다. 그들은 진정으로 예수 그리스도의 제자다운 삶을 영위했다.

그들 가운데서도 수제자인 베드로는 두말할 필요도 없다 (마 10:2).[1] 그는 스스로를 "예수 그리스도의 사도"라고 소개했다 (벧전 1:1). 그는 예수님이 이 세상을 떠나신 후 최초로 복음을 전한 제자가 되었다. 그는 그 동안 익힌 말씀을 자유롭게 인용하면서 말씀을 전했다 (행 2:16-21, 34-35). 단적으로 말해서, 말씀 안에 거하는 예수 그리스도의 제자였기 때문이다. 그뿐 아니다! 그는 신앙 공동체 안에서 성령 충만을 경험했고, 그 안에서 삶을 나누었다. 그는 복음을 세상에 전하다가 마침내 예수님의 발자취를 따라 순교의 길을 택한 진정한 제자였다.

베드로는 그런 삼중적(三重的)인 삶, 곧 개인의 삶, 신앙 공동체의 삶, 세상에서의 삶을 살았을 뿐 아니라, 그런 삶을 그의 서신에서 너무나 아름답게 묘사했다. 예수 그리스도가 그의 제자들에게 부탁하셨듯이, 본문에서 베드로도 똑같이 그의 제자들에게 삼중적인 삶을 부탁하였다. 과연 그는 예수 그리스도를 빼닮은 훌륭한 제자였으며, 수제자라고 불릴 자격을 갖춘 사람이었다.

본문을 열면서

예수 그리스도가 "내 말에 거하라"고 말씀하면서 개인의 삶을 강조하셨듯이, 베드로는 "갓난 아기들 같이 순전하고 신령한 젖을 사모하라"고 하면서 개인의 삶을 강조했다. 물론 여기에서 "순전하고 신령한 젖"은 예수 그리스도의 말씀이다. 그리고 젖이 그분의 말씀이라면, 갓난 아기들은 그 말씀으로 성장하지 않으면 안 된다. 결국, 예수님의 제자인 베드로는 스승처럼 말씀을 강조한다.

예수 그리스도가 "서로 사랑하라"고 명령하시면서 신앙 공동체의 삶을 강조하셨듯이, 베드로는 "너희도 산 돌 같이 신령한 집으로 세워지라"고 하면서 신앙 공동체의 삶을 강조했다. 물론 얼핏 보기에는 베드로가 신앙 공동체를 가리키는 것 같지 않아 보이나, 조금만 더 세심하게 살펴보면 *산 돌과 신령한 집*은 신앙 공동체를 가리킨다는 것을 알 수 있다. 왜냐하면 돌들이 모여서 한데 엉켜야만 집을 이룰 수 있기 때문이다.

예수 그리스도가 "열매를 많이 맺으면...내 제자가 되리라"고 하시면서 세상에서의 삶을 강조하셨듯이, 베드로도 "왕 같은 제사장, 거룩한 나라" 등을 거론하면서 세상에서 복음을 전해야 하는 특권과 의무를 아울러 강조했다. 실제로 베드로는 그리스도인들을 *왕 같은 제사장과 거룩한 나라*로 삼으신 목적을 복음을 전하기 위함이라고 9절에서 이렇게 못 박았다. "이는 너희를 어두운 데서 불러내어 그의 기이한 빛에 들어가게 하신 이의 아름다운 덕을 선포하게 하려 하심이라."

1. "갓난 아기들 같이"

그러면 먼저 개인의 삶을 강조하는 "갓난 아기들 같이"를 살펴보기 위하여 2절의 말씀을 다시 읽어보자: "갓난 아기들 같이 순전하고 신령한 젖을 사모하라. 이는 그로 말미암아 너희로 구원에 이르도록 자라게 함이라." 먼저, 이 말씀에서 "너희로 구원에 이르도록 자라게 함이라"에 주의하기 바란다. 왜냐하면 신약성경에서 *구원*이란 표현은 세 가지 의미를 가지고 있기 때문이다.

첫째의 의미는 *영적 구원*이다. 우리가 죄를 회개하고 예수 그리스도를 구세주로 영접할 때, 주님은 우리의 죄를 용서하신다. 그리고 우리 마음에 들어오시고 동시에 우리를 하나님의 자녀로 삼아 주신다. 다시 말해서, 예수 그리스도는 죄의 결과인 죽음과 심판의 문제로부터 우리를 건져내신다. 이런 역사를 영적 구원이라고도 하며 *과거의 구원*이라고도 하는데, 그 이유는 우리가 과거에 회개와 믿음을 구사할 때 경험한 구원이기 때문이다 (엡 2:8 참조).

둘째의 의미는 *생활의 구원*이다. 과거에 회개와 믿음을 통해 구원받은 사람은 이미 하나님의 자녀가 되었다. 그러므로 우리는 일상 생활에서 하나님의 자녀답게 생각하고, 언행하고, 생활해야 한다. 그것을 생활의 구원이라고 하며, 또 *현재의 구원*이라고도 한다 (빌 2:12). 모든 그리스도인은 현재의 삶에서 하나님의 자녀답게 살아가야 하는 특권과 책임을 동시에 가지기 때문이다.

구원에 대한 세 번째 의미는 *육체의 구원*이다. 이 구원은 *미래의 구원*이라고도 한다. 왜냐하면 우리 그리스도인들의 육체는 주님이 재림하실 때 완전하게 변화될 것이기 때문이다. 우리가 확실히 구원을 받았는데도 불구하고, 우리는 육체의 여러 가지 한계를 가지고 살아간다. 그러나 주님이 재림하실 때, "이 썩을 것이 반드시 썩지 아니할 것을 입겠고, 이 죽을 것이 죽지 아니함을 입으리로다" (고전 15:53).[2]

본문에서 "너희로 구원에 이르도록 자라게 함이라"는 말씀은 세 번째의 구원을 의미한다.[3] 그러나 그처럼 영광스러운 변화를 받아 천국으로 들어가기 위해서는 "자라야 한다." 다시 말해서, 예수 그리스도의 제자들은 신앙적으로 *성장해야* 한다. 어떻게 성장하고 또 자랄 수 있는가? 베드로 사도는 그 방법을 이렇게 강조한다. "갓난 아기들 같이 순전하고 신령한 젖을 사모하라."

베드로가 제시한 *젖*은 두말할 필요도 없이 주님의 말씀을 가리킨다. 바울 사도도 말씀을 젖으로 비유했고 (고전 3:2), 히브리서 저자도 역시 마찬가지로 말씀을 젖으로 비유하면서 이렇게 말했다. "....너희가 다시 하나님의 말씀의 초보에 대하여 누구에게 가르침을 받아야 할 처지이니, 단단한 음식은 못 먹고 젖이나 먹어야 할 자가 되었도다. 이는 젖을 먹는 자마다 어린 아이니 의의 말씀을 경험하지 못한 자요" (히 5:12-13). 이 젖이 주님의 말씀이 아니라면 베드로는 그 젖을 "순전하고 신령하다"고 했겠는가? 엄마의 젖은 순전할 수는 있어도 신령할 수는 없기 때문이다.

예수 그리스도의 제자들은 구원에 이르도록 성장하기 위하여 주님의 말씀을 사모해야 한다. 언제나 갓난 아기들이 젖을 사모하듯 말씀을 사모해야 한다.[4] 그렇지 않으면 성장할 수 없다. 어쩌면 저 영광스러운 구원에 이르지 못할 수도 있다는 것을 베드로는 함축하고 있는지도 모른다. 그러면 갓난 아기들은 얼마 만큼 젖을 사모하는가? 젖을 먹을 때까지는 결코 젖을 사모하는 울음을 그치지 않는다. 마찬가지로, 예수 그리스도의 제자들도 그처럼 주님의 말씀을 사모해야 한다.

우리 속담에는 "우는 아이에게 젖을 준다"는 표현이 있다. 이것은 배고픈 아이가 울며, 우는 아이에게 젖을 먹인다는 의미이다. 다른 말로 하면, 우는 것도 개인의 행위요, 젖을 먹는 것도 개인의 행위이다. 마찬가지로, 예수 그리스도의 제자들은 각자가 주님의 말씀을 사모해야 하고, 또 각자가 그 말씀을 먹어야 한다는 말이다. 어떤 사람도 다른 사람을 대신하여 울어 줄 수도, 또 젖을 먹어 줄 수도 없다. 예수 그리스도의 제자가 되기를 원하는 사람은 개인적으로 절제되고 훈련된 삶을 살면서, 매일 주님의 말씀을 대하고 또 그 말씀에 굴복해야 한다.

2. "산 돌 같이"

다음으로 신앙 공동체의 삶을 강조하는 "산 돌 같이"를 보기 위하여 5절을 다시 읽어보자. "너희도 산 돌 같이 신령한 집으로 세워지고, 예수 그리스도로 말미암아 하나님이 기쁘게 받으실 신령한 제사를 드릴 거룩한 제사장이 될지니라." 이 말씀에서 산 돌은 "산 돌이신 예수께 나아온" 사람들이다 (벧전 2:4). 다시 말해서, 산 돌이신 예수 그리스도와 믿음이란 통로를 통해 연관을 맺었기에 그들도 산 돌들이다.5)

그러면 베드로는 왜 예수 그리스도를 믿고 따르는 사람들을 산 돌이라고 묘사했는가? 그 이유는 간단하다. 진정한 교회는 죽은 돌이나 벽돌이 아니기 때문이다. 그처럼 돌로 만들어진 건물은 구원받은 성도들이 모여 예배드리기 위해서 존재한다. 죽은 돌은 자랄 수도 없으며, 서로 사랑할 수도 없으며, 전도하러 세상으로 나갈 수도 없다. 왜냐하면 그 돌들은 죽었기 때문이다.

그러나 산 돌은 다르다. 먼저, 죽음에서 부활하여 살아계신 예수 그리스도를 영접한 사람들은 성령이 내주(內住)하셨다. 그들은 영적으로 죽었었으나, 이제 영적으로 살아났다. 그러므로 그들은 산 돌이라고 불리었다. 뿐만 아니라, 영적 생명을 가진 산 돌은 자랄 수 있다. 그들은 적당한 음식과 돌봄 그리고 적당한 운동의 기회가 주어지면 반드시 자란다. 예수 그리스도의 형상을 닮을 때까지 자랄 수 있다 (엡 4:13).

그 다음, 이처럼 "중생의 씻음과 성령의 새롭게 하심으로" 거듭난 *산 돌*은 반드시 서로를 필요로 한다 (딛 3:5). 왜냐하면 돌 하나로는 결코 신령한 집이 될 수 없기 때문이다. 물론, 여기에서 *신령한 집*은 교회를 가리킨다. 교회는 *에클레시아*, 곧 불러냄을 받은 사람들이다. 그러므로 교회인 *신령한 집*을 이루는 재료는 바로 거듭난 *산 돌들이다.*[6] 누구나 알듯, 집을 짓는 데는 많은 돌이 필요하다. 많은 돌들이 서로 받쳐 주고, 당기고, 의지하면서 집이 된다. 마찬가지로, 참 교회인 산 돌들은 서로를 받쳐 주고, 당기고, 의지해야 한다. 이런 아름다운 모습을 예수님은 "서로 사랑하라"는 명령으로 표현하셨고, 그분의 수제자인 베드로는 "너희도 산 돌 같이 신령한 집으로 세워지라"고 말했다.

마지막으로, 죽은 돌과는 달리 *산 돌*은 능동적으로 행동할 수 있다. 죽은 돌은 반드시 어떤 사람의 힘을 빌려야 자리를 이동할 수 있다. 그러나 *산 돌*은 혼자서 걸을 수도 있고 다른 사람과 함께 걸을 수도 있다. *산 돌*은 혼자 있을 수도 있고, 다른 사람들과 대화할 수도 있다. *산 돌*은 싸울 수도 있고 화해할 수도 있다. *산 돌*은 사랑할 수도 있고 미워할 수도 있다. 산 돌은 이처럼 놀라운 구원의 은총과 사랑의 교제를 혼자만 누릴 수도 있고 또 세상으로 나아가 그것들을 모르는 사람들에게 나눌 수도 있다. 우리는 *산 돌*이기 때문에 적극적으로 사고하고, 언행하며, 결단할 수 있다.

3. "왕 같은 제사장"

마지막으로, 세상에서의 삶을 강조하는 "왕 같은 제사장"을 보기 위하여 9-10절을 읽어보자: "그러나 너희는 택하신 족속이요, 왕 같은 제사장들이요, 거룩한 나라요, 그의 소유가 된 백성이니; 이는 너희를 어두운 데서 불러내어 그의 기이한 빛에 들어가게 하신 이의 아름다운 덕을 선포하게 하려 하심이라. 너희가 전에는 백성이 아니더니 이제는 하나님의 백성이요, 전에는 긍휼을 얻지 못하였더니 이제는 긍휼을 얻은 자니라."

이 말씀에서 사용된 비유는 앞의 두 비유, 곧 "갓난 아기들같이"와 "산 돌 같이"와는 상당히 다른 뉘앙스를 풍긴다. "갓난 아이"는 갓 태어난 아기가 필연적으로 자라야 된다는 뉘앙스를 갖는다. "산 돌"은 죽은 돌에 반대되는 표현으로, 생명이 있는 돌들이 서로 엉키어서 살아가는 뉘앙스를 갖는다. 그러나 세 번째의 표현은 다른 뉘앙스를 갖는다. 그 중에서 첫 번째인 "택하신 족속"은 택함받지 못한 사람들과 대조되는 표현이다.

예수 그리스도의 대속적 죽음과 부활을 믿은 사람들은 시간과 장소에 상관없이 "택하신 족속"이 되었다. 다시 말해서, 어느 시대에 사는 사람이든지, 또 어느 민족이든지 상관없이 예수 그리스도를 통하여 특별한 족속이 되었다는 말이다.[7] "택하신 족속"은 택함받지 못한 사람들, 곧 예수 그리스도를 구세주로 알지 못하는 모든 사람들에게 복음을 전해야 한다는 사실을 함축한다. 우리는 "택하신 족속"에 속하게 된 은혜를 감사할 뿐 아니라, 그 은혜를 택함 받지 못한 사람들에게 전해야 한다.

두 번째 표현인 "왕 같은 제사장"은 두 가지 중요한 의미를 담고 있다. 먼저는 王이다. 베드로전서가 기록될 당시 왕은 절대적인 권력으로 다스리고 심판을 내렸다. 그런데 예수 그리스도를 믿은 사람들이 王이라는 말이다. 그 말은 믿지 않는 사람들에게 전하는 그리스도인들의 복음은 그들의 영원한 운명을 좌우한다는 의미이다. 불신자들이 그 복음을 받아들이면, 그들의 운명이 바뀌어 이 세상에서 행복한 삶을 누릴 뿐 아니라, 저 세상에서 영원한 천국의 모든 행복한 삶을 누리게 된다. 그러나 그들이 그 복음을 거부하면, 이 세상에서 뿐 아니라 저 세상에서 영원한 심판을 받게 된다.

그 다음은 *제사장*이다. 구약성경에서 제사장은 하나님과 이스라엘 백성 사이에서 중개자의 역할을 감당했다. 마찬가지로, 예수 그리스도를 믿은 사람들은 하나님과 세상 사이에서 중개자의 역할을 감당한다. 믿은 사람들은 하나님 앞에서 세상 사람들의 구원을 위하여 기도한다. 그뿐 아니라, 그들을 찾아가서 예수 그리스도의 죽음과 부활을 전해 주어야 한다. 그들은 전해 듣지 못하면 믿을 수 없기 때문이다 (롬 10:14-15).

세 번째 표현인 "거룩한 나라"는 거룩하지 못한 나라에 대한 상대적인 표현이다. 예수 그리스도를 만나지 못한 사람의 세계관은 한 마디로 말해서 자기 중심이다. 궁극적으로는 공부를 해도 자기를 위해서 한다. 돈을 벌어도 자기를 위해서 한다. 친구를 사귀어도 자기를 위해서 한다. 결혼을 해도 자기를 위해서 한다. 결국 자기의 유익을 위하는 삶은 거룩하지 않다. 왜냐하면 *거룩*이란 말은 하나님의 성품에서 나왔기 때문이다. 하나님에게서 나와 하나님에게로 돌아가는 성품을 의미한다.

*거룩한 나라*는 결국 거룩하기는커녕 쉽게 더러워지며, 쉽게 죄를 범하면서 살아가는 세상 사람들에게 탈출구를 제시해야 한다. 그들은 인생이 어디서 왔다가 어디로 돌아가는지 모른다. 그뿐 아니라, 그들은 하나님에 대하여 무관심하다. 그런 이유 때문에 *거룩한 삶*은 그들에게 충격적인 메시지가 된다. 비록 그리스도인이든 아니든 똑같은 세상에 살지만, 그래도 그리스도인은 엄청나게 다른 삶을 영위하고 있는 모습을 보여 주면서 복음을 전해야 한다.

네 번째 표현인 "그의 소유가 된 백성"은 특별하다. 그리스도인들이 세상으로 나아가서 복음을 전할 때 말할 수 없는 위험이 도사리고 있다. 실제로 예수 그리스도의 제자들은 복음을 전하다 모두 처참한 순교를 당했다. 유일하게 순교를 면한 요한도 순교 못지 않는 엄청난 고초를 당했다. 제자들이 그처럼 생명을 걸고 복음을 전한 이유 중 하나는 그들이 하나님의 소유이기 때문이다. 하나님이 책임지고 그들과 함께 하시다가 마침내 그들을 영원한 천국으로 인도하실 놀라운 사실 때문이다. 그렇다! 모든 믿는 사람들은 하나님의 것이다. 하나님이 끝까지 책임을 지신다!

나가면서

예수 그리스도의 제자인 베드로는 그분의 가르침을 문자 그대로 실천에 옮겼을 뿐 아니라, 신앙의 후배들에게 그대로 전수해 주었다. 베드로는 본문에서 개인의 삶, 신앙 공동체의 삶 및 세상에서의 삶을 그의 스승처럼 강조하면서 전했다. 물론 표현 방법이나 비유는 달랐지만 말이다. 예수님은 보다 직설적(直說的)으로 말씀하셨지만, 베드로는 보다 비유적으로 묘사했는데, 바로 "갓난 아기들," "산 돌" 및 "왕 같은 제사장"이다.

여러 모양으로 비난과 공격을 받고 있는 한국의 그리스도인들은 베드로의 가르침에 귀를 기울여야 한다. 그리고 다시 그의 가르침을 본받아서 개인적으로 성경 말씀에 깊이 들어가야 한다. 뿐만 아니라, 그런 신앙인들이 모여서 사랑의 공동체를 일구어야 할 것이다. 그 공동체 안에서 함께 성장하며, 함께 예수 그리스도의 제자로 탈바꿈해 가야 할 것이다. 그리할 때 그들은 진정으로 거룩한 제사장이 될 것이다.

사랑을 진정으로 경험한 사람은 다른 사람을 진정으로 사랑할 수 있다. 위로 하나님 아버지의 사랑을 경험하고, 아래로 그리스도 안에 있는 형제 자매들의 사랑을 누리는 그리스도인들은 그런 이중적인 사랑을 경험하지 못한 세상 사람들에게 나누어 주어야 한다. 그리할 때 그들은 진정으로 예수 그리스도의 제자로 변화되어 간다. 그리고 그런 제자들이 우후죽순(雨後竹筍)처럼 사방에서 일어날 때 하나님의 나라는 건강하게 확장될 것이다.

6

개인의 삶

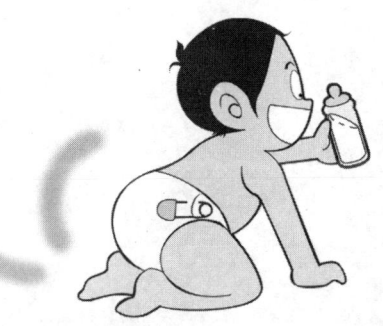

개인의 삶

"그러므로 모든 악독과 모든 기만과 외식과 시기와 모든 비방하는
말을 버리고, 갓난 아기들 같이 순전하고 신령한 젖을 사모하라:
이는 그로 말미암아 너희로 구원에 이르도록 자라게 하려 함이라.
너희가 주의 인자하심을 맛보았으면 그리하라."

베드로전서 2:1-3

들어가면서

베드로는 이미 예수 그리스도를 구세주로 받아들인 사람들
에게 더 나아가 그분의 제자가 될 것을 촉구한다. 그는 그런 촉
구를 받은 사람들을 *너희*로 부른다. 위의 본문에서 두 번씩이나
언급된 *너희*는 복음으로 말미암아 신자가 된 사람들을 가리킨
다. 그 사실을 알 수 있는 열쇠는 두 가지이다: 하나는 *그러므로*
라는 접속사이며, 또 다른 하나는 3절의 말씀, 곧 "너희가 주의

인자하심을 맛보았으면 그리하라"이다.

그러므로는 앞에 있는 원인과 그 뒤에 있는 결과를 연결시키는 접속사이다. 그렇다면 앞에 있는 원인은 무엇인가? 그것은 1장 18-25절에서 찾을 수 있다. 이 구절들에 의하면, 그 원인은 다음과 같이 세 가지이다. 첫째, *너희*는 예수 그리스도의 보배로운 피로 구속받은 사람들이다 (18절). 둘째, *너희*는 예수 그리스도의 죽음과 부활을 믿은 사람들이다 (21절). 셋째, *너희*는 말씀으로 거듭난 사람들이다 (23절). 이 세 가지는 두말할 필요도 없이 예수 그리스도의 복음이다 (25절).

그 다음, "너희가 주의 인자하심을 맛보았으면 그리하라"에서 *너희*가 복음으로 신자가 된 사람들이라는 것을 알 수 있다. 본래 그들은 하나님을 인격적으로 만난 적이 없는 사람들이었다. 그러나 하나님의 인자하심 때문에 그들은 믿게 되었다 (1:1-2). 결국, 인자하심은 그들에게 계시된 복음이요,[1] 그들이 경험한 회심이다. 베드로는 이처럼 회심한 사람은 주님을 다시 대면할 때까지 계속적으로 성장해야 하면서 예수 그리스도의 제자가 될 것을 강조한다.[2]

본문을 열면서

그러면 그들은 어떻게 개인적으로 제자로 성장할 수 있는가? 본문에 의하면, 그 방법은 다음의 두 동사로 요약될 수 있다: "버리라"와 "사모하라." 그런데 이 두 동사는 각각 소극적인 명령과 적극적인 명령으로 구분된다. 그렇다면 왜 예수 그리스도를 믿는 신자들은 이와 같이 이중적인 명령이 필요한가? 그들에게 두 가지 측면의 삶이 있기 때문이다. 그들은 회심을 분기점(分岐點)으로 과거의 삶과 현재의 삶이 있다.

그러므로 이제 예수 그리스도를 믿고 신자가 된 마당에서 그들은 과거의 부정적인 삶의 방식을 제거해야 하며, 동시에 적극적인 새로운 삶의 방식을 가져야 한다. 과거를 버리지 않고 새로운 삶의 방식을 취한다는 것은 불가능하다. 과거의 악습(惡習)을 즐기는 사람들이 새로운 영적 양식을 추구할 수 없기 때문이다. 베드로는 이런 이중적인 면을 *버리라*와 *사모하라*는 동사로 표현한다. 그렇지 않으면 어떻게 예수 그리스도의 제자가 될 수 있단 말인가?

1. "버리라"

베드로는 예수 그리스도의 제자가 되려는 신자는 마땅히 과거의 사고 방식과 생활 방식을 버려야 한다고 강조한다. 그런데 "버리라"의 문자적 의미는 입고 있던 옷을 벗어 버리는 것을 가리킨다.[3] 더러운 옷을 벗어 버리듯이 과거의 습관을 과감하게 벗어 버려야 한다. 그렇다면 과거의 습관은 무엇인가? 베드로는 버려야 할 과거의 습관을 다섯 가지로 요약해서 제시한다: "모든 악독과 모든 궤휼과 외식과 시기와 모든 비방하는 말."

베드로가 제시한 다섯 가지의 악습의 의미를 간단하게 살펴보면 다음과 같다: 악독은 다른 사람을 해치려는 심사(心思)를 의미하며, *궤휼*은 다른 사람을 속이는 행위를 말한다. 그리고

*외식*은 겉과 속이 다른 이중적인 태도를 의미하며, *시기*는 다른 사람의 행복을 원치 않는 마음을 의미한다. 마지막으로 *비방하는 말*은 다른 사람을 헐뜯으므로 상대적으로 스스로를 높이는 악습이다.[4] 이런 악습은 직접적으로 모두 인간 관계에서 일어나며, 간접적으로는 하나님과의 관계가 잘못 되어 있다는 것을 의미한다 (요일 4:20 참조).

이런 악습은 회심 이전에 가졌던 것들이다. 이제 예수 그리스도의 제자가 된 사람은 그런 옛 사고 방식과 생활 방식을 버리고 새 사람을 입어야 한다 (롬 13:14; 엡 4:22, 24; 골 3:8, 10). 왜냐하면 이런 악습은 제자의 영혼을 더럽힐 뿐 아니라, "거짓이 없이 형제를 사랑하기에 이르렀으니, 마음으로 뜨겁게 서로 사랑하라"는 베드로의 권면에도 어긋나기 때문이다 (벧전 1:22). 예수 그리스도의 제자는 깨끗한 마음으로 서로 뜨겁게 사랑해야 한다. 물론 이런 악습은 제자들의 나누어야 하는 사랑의 관계를 깨뜨릴 수 있다.[5]

그런데 이런 다섯 가지 악습을 구태여 분류하면 다음과 같이 두 가지로 나눌 수 있다. 하나는 모든이라는 수식어가 붙은 것이고, 다른 하나는 아무 수식어도 없는 것이다. 모든이 붙은 악습은 악독, 궤휼 및 비방하는 말이며, 그 수식어가 붙지 않은 악습은 외식과 시기이다. 그런데 모든이라는 형용사가 말해 주듯이, 이 세 가지 악습은 어떤 경우를 막론하고 버려야 한다. 예수 그리스도의 제자는 위로 주님의 형상을 닮아가며, 아래로 다른 사람들을 사랑하는 사람들이다. 그런 제자가 다른 사람을 해치고, 속이고, 헐뜯을 수 없다. 오히려 다른 사람들을 격려하고 사랑해야 한다. 그런 이유 때문에 베드로는 일체의 악독과 궤휼과 비방하는 말을 버려야 한다고 강조한다.

그러나 외식과 시기라는 악습에는 모든이라는 수식어가 붙어 있지 않은 것은 이상하지 않은가? 어쩌면 외식과 시기는 그리스도의 제자에게 일반적으로는 악습임에 틀림없으나, 어떤 특수한 경우에는 허용된다는 것을 함축하고 있는지도 모른다. 먼저 외식의 예를 들어보자. 은혜 없는 설교를 듣고 설교자에게 핀잔을 주면서 설교가 전혀 은혜가 되지 않았다고 말하는 것은 솔직한 행동이긴 하나, 무례한 행동으로 여겨질 수 있다. 시기는 어떤가? 공부를 잘 하는 친구는 다른 친구들에게 시기심을 발동시켜 공부를 열심히 하게 만들 수 있다. 그렇다면 이런 시기는 선의로 받아들여야 하지 않을까? 바울 사도도 이스라엘로 시기나게 하려고 구원이 이방인들에게 이르렀다고 언급한 바 있다 (롬 11:11).

2. "사모하라"

베드로는 예수 그리스도의 제자가 되기를 원하는 신자들에게 버릴 것만 요구하지 않는다. 그는 그 못지않게 적극적으로 "순전하고 신령한 젖"을 사모하라고 명령한다. 그런데 베드로가 이곳에서 사용한 용어는 갓난 아기이다.[6] 그 이유를 몇 가지로 찾을 수 있다. 첫째 이유는 새로 태어난 어린 아기를 강조함으로, 영적으로 거듭난 사람을 표시하기 위해서이다. 둘째 이유는 그들이 말씀으로 거듭났다는 사실을 함축하기 위해서이다. 베드로는 이미 앞에서 "너희가 거듭난 것은…하나님의 말씀으로 되었느니라"고 언급한 바 있다 (벧전 1:23). 셋째 이유는 말씀으로 거듭난 사람은 그 말씀을 사모하게 되어 있다는 사실을 알리기 위해서이다. 넷째 이유는 갓난 아기들이 반드시 성장해야 하는 것처럼 그리스도의 제자도 성장해야 하는 사실을 전달하기 위해서이다.

예수 그리스도를 구주로 믿고 말씀으로 거듭난 신자는 젖을 맛본 갓난 아기가 다시 그 젖을 사모하는 것처럼 그 말씀을 사모하게 된다. 하나님의 말씀은 다른 문학이나 철학과 달라서 싫증나지도 않고, 오히려 꿀처럼 달게 여겨진다 (시 19:10; 잠 24:13). 그 말씀은 영혼의 갈증을 채워 주는 생명수와 같다 (계 21:6). 그 이유는 간단하다! 말씀은 영원한 진리이기 때문이다 (요 17:17).

하나님의 말씀이 진리이기 때문에 그 말씀은 제자들에게 행복을 안겨 준다 (시 1:1-6). 그뿐 아니라, 그 말씀은 승리를 제공한다 (마 4:1-12). 그 말씀은 더 나아가 제자들에게 능력도 부여한다 (히 4:12). 그리고 그 말씀은 그들의 인생길을 인도한다 (시 119:105). 말씀은 제자들의 신앙 성장에 없어서는 안 될 필요불가결한 요소이다. 그런 이유 때문에 베드로는 예수 그리스도의 제자가 되기를 원하는 신자들에게 그 말씀을 사모하라고 충고한다.

여기에서 사용된 "사모하라"는 동사는 포괄적이면서 강력한 의지적 결단을 내포한 동사이다. 너무나 사모한 나머지 고통까지 느낄 정도이다.[7] 예수 그리스도의 제자는 하나님의 말씀에 사무쳐서 고통을 느낄 정도가 되어야 한다. 마치 배고픈 어린 아기가 젖을 물릴 때까지 그 젖을 사모하는 것처럼 말이다. 그래서 하나님의 말씀을 기회가 있을 때마다 듣고, 읽고, 암송하고, 묵상하며, 또 삶의 현장에서 적용해야 한다. 그리할 때 그는 예수 그리스도의 제자로 성장해 나갈 것이다.

나가면서

모든 그리스도인들은 두 종류의 인생이 있다. 첫째는 예수님을 만나서 구원받기 이전의 인생이고, 둘째는 그 이후의 변화된 인생이다. 그 이후 그들의 인생관과 가치관도 변했으며, 그들의 인생의 목적과 삶의 방식도 변화되었다. 그러나 그들에게는 여전히 구원받기 이전의 생활 방식과 사고 방식이 남아 있다. 그런 이유 때문에 그들은 과거의 잘못된 생활 방식을 버리는 훈련을 받아야 하며, 동시에 새로운 사고 방식을 얻는 훈련도 받아야 한다.8)

베드로에 의하면, 예수 그리스도의 제자가 되기를 원하는 신자들은 개인적으로 두 가지를 실천해야 한다. 옛 생활 방식을 버리고 그 대신 하나님의 말씀을 사모해야 한다. 그런데 이 두 가지는 각자가 실천해야 하는 것이지, 어느 누구도 대신 해 줄 수 있는 것이 아니다. 개인적으로 책임 있는 삶을 영위하지 못하는 사람이 예수 그리스도의 제자가 될 수 없다. 개인적으로 악습 대신에 거룩한 습관을 길러야 하며, 또 개인적으로 하나님의 말씀과 씨름하면서 깊이 들어가야 한다. 그리할 때 그는 한편으로 신앙적으로 성장하며 또 한편으로 진정한 그리스도의 제자가 된다.

7

신앙 공동체의 삶

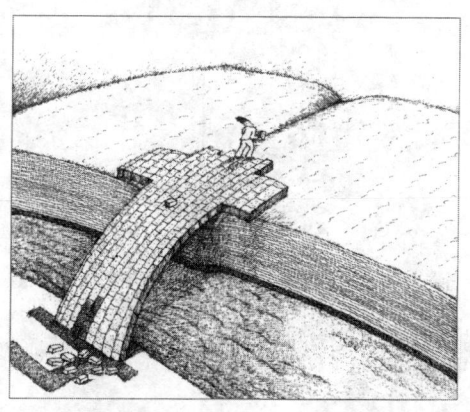

신앙 공동체의 삶

"사람에게는 버린 바가 되었으나 하나님께는 택하심을 입은 보배로운 산 돌이신 예수께 나아가 너희도 산 돌 같이 신령한 집으로 세워지고, 예수 그리스도로 말미암아 하나님이 기쁘게 받으실 신령한 제사를 드릴 거룩한 제사장이 될지니라. 성경에 기록되었으되, '보라, 내가 택한 보배로운 모퉁잇돌을 시온에 두노니 그를 믿는 자는 부끄러움을 당하지 아니하리라' 하였으니, 그러므로 믿는 너희에게는 보배이나 믿지 아니하는 자에게는 '건축자들이 버린 그 돌이 모퉁이의 머릿돌이 되고,' 또한 '부딪치는 돌과 걸려 넘어지게 하는 바위가 되었다' 하였느니라. 그들이 말씀을 순종하지 아니하므로 넘어지나니 이는 그들을 이렇게 정하신 것이라."

베드로전서 2:4-8

들어가면서

베드로가 위의 본문에서도 두 번씩이나 언급한 *너희*도 역시 예수 그리스도를 믿은 신자를 가리킨다. 2장 1-3절에서와는 달리 베드로는 그들이 신자가 된 경위를 세 번씩이나 구체적으로 묘사한다. 첫째는 그들이 "보배로운 산 돌이신 예수께 *나아갔기*" 때문이다 (4절).[1) 둘째는 그들이 예수님을 *믿었기* 때문이다 (7절). 셋째는 그들이 하나님의 말씀을 *순종했기* 때문이다. 물론 8절에서 "그들이 말씀을 순종하지 아니하므로 넘어지나니"는 믿지 않은 사람들을 묘사한 것이다. 이런 묘사가 함축하고 있는 것은 예수님을 믿고 그분에게 나아온 자들은 그 반대로 *말씀을 순종한* 신자들이다.

베드로는 베드로전서 1장에서 이미 복음을 분명히 언급한 바 있다. 특히 3절과 21절은 그 복음을 명약관화(明若觀火)하게 제시하고 있는데, 그것은 바로 예수 그리스도의 죽음과 부활이다 (고전 15:1-4 참조). 예수님의 죽음은 모든 죄인들의 죄 값을 치른 대속적 (代贖的) 죽음이며, 그분의 부활은 모든 죄의 문제가 해결되었다는 증거이다. 그런 이유 때문에 예수 그리스도의 죽음과 부활은 진정한 복음이다. 베드로는 이 복음을 위의 본문에서 이렇게 묘사한다: "사람에게는 버린 바가 되었으나 (죽음), 하나님께는 택하심을 입은 보배로운 산 돌이신 예수... (부활)." 누구든지 이처럼 죽었다가 다시 사신 예수님에게 나아오면 죄를 용서받고 신자가 된다.[2)

일단 예수 그리스도에게 나아온 사람들은 산 돌들이기에 성장해야 한다. 성장하면서 그분의 제자가 되어야 한다. 이미 살펴본 대로, 예수 그리스도의 제자가 되기 위해서는 개인적으로 과거의 악습을 버려야 하고, 동시에 말씀도 사모해야 한다. 그러나 그리스도의 제자가 되기 위해서는 그 못지않게 중요한 신앙 공동체의 삶도 있어야 하며, 거기서 서로 사랑하는 법을 배워야 한다. 물론 예수 그리스도가 믿는 자들에게 허락하신 신앙 공동체는 바로 교회이다.3) 그러면 교회인 신앙 공동체에서 어떻게 믿는 자들이 그리스도의 제자가 되는지 살펴보자.

본문을 열면서

베드로는 이런 신앙 공동체의 삶을 *신령한 집*으로 묘사한다. 그리고 이 *신령한 집*이 신앙 공동체라는 사실을 어렵지 않게 이해할 수 있다. 어떤 돌도 혼자서 집을 이룰 수 없기 때문이다. 돌들이 아래 위로 그리고 옆으로 어울려서 집을 이루기 때문이다. 그러므로 돌들은 서로에게 속해 있으며, 따라서 어떤 돌도 다른 돌들로부터 이탈할 수 없다. 마찬가지로, 산 돌들인 믿는 자들도 함께 어울리면서, 그리고 사랑하면서 그리스도의 제자가 되어간다.4)

1. "산 돌"

그러나 믿는 자들이 함께 모여 교제와 사랑을 나누면서 그리스도의 제자가 되어갈 때에 중요한 사실이 있다. 그 교제와 사랑의 중심이 예수 그리스도이어야 한다는 것이다. 그렇지 않으면 그 공동체는 인간적인 조직과 단체로 전락할 수 있다. 그런 이유 때문에 베드로는 "산 돌이신 예수께 나아가야" 한다는 사실을 강조한다. 다시 말해서, 공동체의 기초와 방향, 그리고 목적

이 그리스도를 중심으로 이루어져야 한다.5)

실제로, 베드로는 공동체와 교제를 "산 돌들"로 묘사하면서도 그리스도와의 연관을 강조한다.6) 다시 말해서, 그리스도를 통해서 공동체가 이루어졌고--그런 이유로 신앙 공동체라고 불린다--, 유지되며, 그리고 완성될 것이다. 그런데 놀랍게도 베드로는 신앙 공동체의 과거(이루어졌다)와 현재 (유지된다), 그리고 미래(완성될 것이다)를 모두 산 돌이신 예수 그리스도로 표현한다. 성경 전체에서 그리스도를 이처럼 돌로 묘사한 사람은 베드로 밖에 없다.

베드로의 이름은 돌이다. 그는 본래 시몬이었으나, 그의 동생 안드레가 그를 예수님에게로 인도했을 때, 예수님은 그를 보자마자 게바, 곧 베드로라고 부르셨다 (요 1:41-42).7) 영문도 모른 체 졸지에 돌이된 베드로는 누구보다도 돌에 대하여 깊이 묵상했을 것이다. 그러던 어느 날 예수님은 베드로의 신앙 고백을 칭찬하면서 이렇게 말씀하신 적이 있다, "너는 돌이라, 내가 이 반석 위에 내 교회를 세우리니" (마 16:17-18).8) 그 후 오랜 세월이 흘러서 베드로는 그의 서신을 기록하면서 예수 그리스도가 바로 신앙 공동체를 일군 바로 그 돌이라는 진리를 깨닫게 된다.

예수님은 무엇보다도 신앙 공동체를 구성할 죄인들을 위해 십자가에서 죽으셨다. 그처럼 엄청난 역사를 베드로는 "건축자들이 버린 그 돌"이라고 간략하면서도 능력 있게 묘사한다 (7절). 다음으로, 신앙 공동체가 거듭나서 새 생명을 받은 사람들로 구성된다는 것을 강조하기 위하여 베드로는 예수 그리스도의 부활을 소개하는데, 역시 돌로 묘사하면서 "산 돌"이라고 표현한다 (4절).

셋째로, 베드로는 구체적으로 신앙 공동체가 어떻게 구성되었는지를 간단하게 묘사하는데, 곧 "모퉁이의 머릿돌"이 그것이다 (7절). 예수 그리스도는 부활 후 40일 동안 제자들에게 열 번이나 자신을 보여 주신 후 승천하셨다. 그리고 승천하신 지 10일 만에 성령을 보내어 신앙 공동체를 이루게 하셨다 (행 2:1-4). 그러므로 베드로는 신앙 공동체, 곧 교회를 이룬 그리스도를 "모퉁이의 머릿돌"이라고 묘사한다.9)

마지막으로, 베드로는 신앙 공동체의 완성을 다시 그리스도로 묘사하는데, 곧 "부딪치는 돌"이 그것이다 (8절). 교회의 시대가 끝날 때 예수 그리스도는 왕 중의 왕으로 다시 오셔서 모든 믿지 않은 자들을 심판하실 것이다. 예수 그리스도를 거부한 자들은 재림하시는 예수 그리스도에 의해 심판받는 것을 베드로는 "부딪치는 돌"로 묘사한다.10) 베드로는 그것을 이렇게 설명한다. "그들이 말씀을 순종하지 아니하므로 넘어지나니..." (8절).11) 한편 그 때 신앙 공동체는 완성되어 삼위의 하나님과 중단 없는 그리고 영원한 교제를 나누게 된다.

2. "신령한 집"

신앙 공동체인 *신령한 집*은 이처럼 굳건한 반석, 곧 예수 그리스도 위에 세워졌다. 그런데 이 집이 *신령한* 이유는 무엇인가? 먼저, 이 집이 그리스도에게 속해 있기 때문이다. 또한 이 집은 거듭난 그리스도인들로 구성되어 있기 때문이다. 그리고 거듭난 그리스도인들을 한 데 묶는 것은 성령이기 때문이다. 그런 이유 때문에 바울도 "너희가...평안의 매는 줄로 성령이 하나 되게 하신 것을 힘써 지키라"고 에베소 교회를 향하여 권면한다 (엡 4:1-3). 그들을 하나로 묶을 뿐만 아니라, 성령이 그 신앙 공동체 안에 상존(常存)하시기에 *신령한 집*이라고 베드로는 묘사한다.12)

그런데 이 *신령한 집*은 완성된 집이 아니다. 이 집은 *세워지고 있는 중*이다. 바울도 이런 사실을 분명히 언급한다: "....그리스도 예수께서 친히 모퉁잇돌이 되셨느니라. 그의 안에서 건물마다 서로 연결하여 주 안에서 성전이 *되어 가고*, 너희도 성령 안에서 하나님이 거하실 처소가 되기 위하여 그리스도 예수 안에서 함께 *지어져 가느니라*" (엡 2:20-22). 신앙 공동체가 *세워지고 있는* 진행형으로 묘사된 이유가 몇 가지 있다.

첫째, 신앙 공동체, 곧 교회가 탄생된 이래 지금도 교회는 완성을 향해 가고 있는 중이다. 그리고 완성을 위해서 신앙 공동체는 끊임없이 불신자들을 구세주와 교회로 인도해야 한다. 둘째, 신앙 공동체는 교제와 사랑을 나누면서 함께 성장해야 한다. 그래야 그 공동체에 속한 신자들이 예수 그리스도의 제자가 되어가기 때문이다. 셋째, 그 공동체가 완성되면 예수 그리스도가 재림하시어 교회를 신부처럼 데려가시기 때문이다 (계 19:6-9).

뿐만 아니라, 이 *신령한 집*은 완전한 집도 아니다. 그 이유는 간단하다! 완전한 재료로 구성되어 있지 않기 때문이다. 이미 언급했듯이, 죄를 회개하면서 *산 돌*이신 예수 그리스도에게 나아온 자들은 하나님의 은혜로 산 돌들이 되었다. 다시 말해서, 거듭난 신자들이 되었다. 그러나 그들에게는 여전히 믿기 전에 있었던 "육체의 정욕"이 남아 있을 수 있다 (벧전 2:11). 그들에게는 여전히 "불순종"의 요소가 남아 있을 수 있다 (벧전 2:13, 18, 3:1).그들에게는 아직도 "거룩하라"는 명령을 순종하지 못할 수도 있다 (벧전 1:15-16).

그러나 신앙 공동체가 완전하지 못하다할지라도 성령이 그 가운데 상존하시기에 완전을 향하여 전진하는 것도 사실이다. 전진의 과정에서 완전하지 못한 재료들이 서로 부딪칠 수 있다. 서로의 신분과 지위 때문에 아우성을 칠 수 있다. 본의 아니게 서로에게 상처를 줄 수도 있다. 교만과 열등 의식 사이에서 갈등할 수 있다. 그런 와중에서도 신앙 공동체는 여전히 완전을 향하여 전진한다.

그럼에도 불구하고 신앙 공동체는 위로 예수 그리스도를 바라보면서 완성과 완전을 향해 나아가야 한다. 그리고 예수 그리스도가 그분에게 나아오는 사람들을 조건 없이 받아 주신 것처럼, 서로를 조건 없이 받아 주어야 한다. 그것이 바로 예수님이 명령하신 사랑이다. 그렇게 할 때 그 신앙 공동체 안에 상존하시는 성령이 개입하여 그 공동체를 완성과 완전으로 이끌어 가신다. 그리고 그런 성령의 임재와 역사를 경험하는 공동체에 속한 신자들은 예수 그리스도의 제자가 되어가는 것이다.

3. "거룩한 제사장"

신령한 집에는 반드시 그 집을 섬길 사람이 필요한데, 베드로는 그 사람을 *거룩한 제사장*으로 소개한다. 두말할 필요도 없이 제사장은 거룩해야 한다. 왜냐하면 제사장은 *신령한 제사*를 하나님에게 드려야 하기 때문이다. 물론 이 제사는 구약성경에서처럼 동물을 드리는 제사도 아니며, 예수님을 다시 드리는 대속의 제사도 아니다. 예수님은 이미 "영원한 속죄를 이루셨기" 때문이다 (히 9:12).

그렇다면 *신령한 제사*는 무엇인가? 그것은 역시 성령이 함께하시는 제사이며, "예수 그리스도로 말미암아" 드리는 제사이며, "하나님이 기쁘게 받으실" 제사이다. 신약성경에 열거된 제사에는 다음과 같은 것들이 있다: 몸의 제사 (롬 12:1), 찬미의 제사 (히 13:15), 선한 행실의 제사 (히 13:16), 물질의 제사 (빌 4:18), 봉사의 제사 (롬 15:16). 물론 이런 제사들은 하나님에게 드려진다. 그러나 동시에 이런 제사들은 신앙 공동체를 이루고 있는 구성원들, 곧 믿는 사람들에게도 표현되어야 한다. 그런 이유 때문에 산 돌들로 일구어진 신령한 집과 거룩한 제사장이 같은 5절에서 연루되어 있다.13)

신앙 공동체 안에는 당연히 주님을 향한 헌신이 있어야 하나, 동시에 서로를 위한 헌신도 있어야 한다. 신앙 공동체 안에는 주님에 대한 찬양이 있어야 하나, 동시에 서로를 위한 찬양도 있어야 한다. 신앙 공동체 안에는 서로를 위한 선한 행실도 있어야 한다. 신앙 공동체 안에는 주님에게 드려지는 예물도 있어야 하나, 동시에 서로의 필요를 감당하는 물질적 희생도 있어야 한다. 신앙 공동체 안에는 주님에 대한 섬김이 있어야 하겠으나, 동시에 서로를 섬길 수도 있어야 한다. 이런 제사들이 구체적으로 드러나면 그 공동체에는 진정한 교제와 사랑이 이루어지고 있는 것이다.

*거룩한 제사장*이 신앙 공동체 안에서 드려야 할 또 하나의 중요한 제사가 있다. 그것은 그 공동체에 속해 있는 구성원들, 곧 그리스도 안에서의 형제 자매들을 위하여 드려지는 중보기도이다. 서로를 위하여 기도할 수 있는 특권은 *거룩한 제사장*에게 주어진다. 그러므로 신자들이 서로를 위하여 하나님 앞에서 끊임없이 기도할 때 그들은 제사장이 되어 가는 것이다. 이것이야말로 모든 신자들에게 주어진 특권이라 아니할 수 없다.

그러나 이런 제사들이 믿은 후 당장에 이루어지는 것은 아니다. 그런 이유 때문에 베드로는 거룩한 제사장이 *될지니라*고 한다. 이 표현은 신자들이 예수님에게 나아온 순간부터 그런 제사들을 드리기 시작했다는 의미가 아니다. 신자들은 신앙 공동체 안에서 훈련을 받으면서, 성령과 말씀에 순종하면서, 서로를 아끼고 돌보면서, 그리고 조금씩 실천하면서 *거룩한 제사장*이 되어 가는 것이다. 그런 이유 때문에 베드로는 믿는 자들에게 제사장이 되라고 충고한다.

나가면서

회심을 통해 신자는 거듭나서 어린 아이처럼 된다. 그리고 그에게 생명이 주어졌기에 필연적으로 성장할 수밖에 없다. 그러나 혼자서만은 결코 온전한 성장을 기대할 수 없다. 그런 이유 때문에 신자는 신앙 공동체가 필요하다. 결국 신자는 개인적으로 그리고 하나님에게 영광을 돌리는 공동체 안에서 성장하게 된다.[14] 그 공동체 안에서 서로를 사랑하면서 성장한다. 성장한다는 것은 예수 그리스도를 닮아가는 것을 의미하기도 한다 (엡 4:13-16 참조). 그렇게 닮아가면서 그는 자연스럽게 예수 그리스도의 제자가 되어 가는 것이다.

8

세상에서의 삶

세상에서의 삶

"그러나 너희는 택하신 족속이요, 왕 같은 제사장들이요, 거룩한 나라요, 그의 소유가 된 백성이니, 이는 너희를 어두운 데서 불러 내어 그의 기이한 빛에 들어가게 하신 이의 아름다운 덕을 선포하게 하려 하심이라. 너희가 전에는 백성이 아니더니 이제는 하나님의 백성이요, 전에는 긍휼을 얻지 못하였더니 이제는 긍휼을 얻은 자니라."

베드로전서 2:9-10

들어가면서

예수 그리스도는 대중 사역을 시작하자 곧바로 제자들을 선택하셨다 (마 4:18-22). 그러므로 그분의 공생애는 제자들의 선택과 더불어 시작되었다고 해도 과언(過言)이 아니다. 그리고 이 세상에서 그 제자들에게 마지막으로 부탁하신 명령도 역시 제자를 삼으라는 것이다 (마 28:19). 그렇다면 제자들은 예수님의 생애와 사역에 매우 중요하다는 것을 쉽게 짐작할 수 있다. 그들이 그처럼 중요한 이유는 이 세상의 복음화 때문이다. 예수 그리스도가 이 세상에 오신 목적은 한 마디로 세계 복음화이며, 그 목적을 제자들에게 물려 주시는 것이 예수님의 계획이자 세계 복음화의 방법이었다.

예수님이 이 세상을 떠나신 후 제자들이 최초로 한 사역은 두 말할 필요 없이 복음전도였다. 그 결과 새로운 제자들이 하루에 3,000명이나 더해졌다 (행 2:41). 그리고 그 복음전도의 중심에는 역시 예수 그리스도의 수제자인 베드로가 있었다 (행 2:14). 베드로는 "너희가 열매를 많이 맺으면...내 제자가 되리라"는 예수님의 말씀을 신실하게 이루고 있었다 (요 15:8). 그리고 베드로는 그의 서신에서 다른 제자들에게도 그처럼 중요한 복음전도를 강조하였는데, 그것이 바로 위의 본문이다.

베드로는 예수님처럼 세상에서의 복음전도를 "열매를 맺으라"는 단순한 표현으로 묘사하지 않았다. 그는 세상에서 복음전도가 듣는 사람들에게 영원을 결정하는 중요한 사역이라는 사실을 너무나 잘 알았다. 뿐만 아니라, 그 복음을 전하는 사람들에게도 너무나 큰 영향을 미친다는 사실도 잘 알았다. 베드로는 이처럼 두 국면을 강조하기 위하여 네 가지 비유를 사용하는데, 곧 *택하신 족속, 왕 같은 제사장, 거룩한 나라* 및 *하나님의 소유된 백성*이다.

본문을 열면서

1. 배경

본문의 배경은 출애굽기이다. 이스라엘 백성이 애굽에서 430년 동안 종 노릇 하다가 마침내 모세의 인도를 따라 애굽을 나올 수 있었다. 애굽을 나와서 젖과 꿀이 흐르는 약속의 땅 가나안으로 가는 도중, 이스라엘 백성은 시내산에서 모세를 통하여 하나님의 말씀을 들었다. 그들이 들은 많은 말씀 가운데 특히 19장 4-6절을 인용하여 본문을 전개하는 이유가 있다. 그 말씀은 출애굽을 경험한 이스라엘 백성에게 주어진 지상명령이기 때문이다.

이스라엘 백성이 출애굽을 성공하게 된 두 가지 사건이 있었다. 하나는 유월절의 사건이고, 다른 하나는 홍해를 건너는 사건이었다. 유월절은 흠 없는 일 년 된 수컷 양이 장자를 대신하여 피를 흘리고 죽은 사건이었다 (출 12:5-7). 후에 바울 사도는 희생된 그 유월절 양을 예수 그리스도라고 설명하였다 (고전 5:7). 그리고 홍해를 건넌 사건도 바울 사도는 세례로 설명하여, 죽음 후의 부활이라는 의미를 부여하였다 (고전 10:1-2).

이 두 가지 사건을 모세는 이렇게 기록했다: "내가 애굽 사람에게 어떻게 행하였음과 내가 어떻게 독수리 날개로 너희를 업어 내게로 인도하였음을 너희가 보았느니라" (출 19:4). "애굽 사람에게 행한" 것은 유월절의 사건이고, "독수리 날개로 업어 인도한" 것은 홍해가 갈라지는 사건을 각각 가리켰다 (출 14:21-

22). 그리고 하나님은 이스라엘 백성에게 세계를 위한 제사장 나라와 거룩한 백성이 되라고 말씀하셨다 (출 19:5-6). 이 말씀은 이스라엘 백성이 경험한 죽음과 부활의 사건, 곧 구속의 하나님을 세계에 속한 모든 족속에게 전파하라는 명령이었다.

그 때부터 세상 사람들의 영적 운명은 이스라엘 백성에게 달려 있었다. 이스라엘 백성이 하나님의 사랑과 능력을 전파하면 그들은 회개하고 하나님에게로 돌아왔다. 한 좋은 예는 요나서에서 찾을 수 있다. 비록 요나는 내키지 않았지만 메시지를 전했고, 그 메시지를 들은 느니웨 백성은 국가적으로 금식을 선포하며 회개했다 (욘 3:4-10).

그러나 이스라엘 백성은 나중에 하나님의 명령을 거역하고 이방인들에게 복음을 전하지 않았다. 그 결과 하나님은 이스라엘 백성을 이방인들의 손에 붙이셨다. 그들은 이스라엘 백성을 속국으로 만들었고 그리고 말할 수 없는 학대를 자행했다.[1] 이스라엘 백성은 그 가운데서도 하나님의 사랑과 능력을 간간이 전했는데, 한 가지 좋은 예는 다니엘의 증거로 바벨론의 왕조차 이스라엘의 하나님을 칭송한 것이다 (단 2:47).

그렇다면 베드로가 이스라엘 백성에게 주어진 지상명령에 의지하여 복음을 전하라고 제자들에게 말한 의도는 분명하다. 예수 그리스도의 제자가 되려는 사람은 반드시 그분의 목적인 세계 복음화에 헌신해야 한다. 왜냐하면 믿는 자는 믿지 않는 세상 사람들의 운명을 너무나 잘 알기 때문이다. 그들은 어느 날 "부딪치는 돌과 걸려 넘어지게 하는 바위"이신 예수 그리스도에 의하여 심판을 받고 영원히 지옥으로 던져질 것이다 (벧전

2:8; 계 21:8).[2]

뿐만 아니라, 믿는 자들이 예수 그리스도의 대속적 죽음과 능력의 부활을 불신자들에게 전하지 않으면, 그들도 이스라엘 백성이 경험한 것처럼 어려운 상황에 처하면서 억지로 복음을 전해야 될지 모르기 때문이다. 그래도 복음을 전하지 않으면 영적으로 냉랭해질 뿐 아니라, 육신적으로 여러 가지 죄악에 연루될수 있다. 무엇보다도 성령 충만의 놀라운 은혜를 경험하지 못할 것이다.

2. 신분의 상승

이스라엘 백성이 하나님의 사랑과 능력으로 종의 신분에서 탈출했을 뿐 아니라, 하나님을 대신하는 대사(大使)의 신분으로 상승하였다. 그처럼 급상승한 신분을 모세는 *하나님의 소유, 제사장 나라, 거룩한 백성* 등으로 나타내었다. 마찬가지로, 베드로는 죄와 세상과 정욕의 종이었던 사람들이 죽은 지 삼 일 만에 부활하신 예수님을 영접한 후 급상승된 신분을 다음과 같이 묘사하였다: *택하신 족속, 왕 같은 제사장들, 거룩한 나라, 하나님의 소유된 백성.*[3]

하나님은 아브라함을 통하여 이스라엘 족속을 택하신 것처럼 (창 12:1-3), 예수 그리스도를 통하여 새로운 족속, 곧 교회를 택하셨다. 교회는 모든 종족의 차이와 모든 배경을 초월해서 예수 그리스도를 구세주로 받아들인 사람들로 구성된 공동체이다.[4] 아브라함이 하나님의 부르심에 적극적으로 호응하여 택함을 받은 것처럼, 그들도 하나님의 부르심에 회개와 믿음으로 호응한 사람들이다.[5] 그 결과 그들은 아브라함처럼 많은 특권을 누리는 *택하신* 족속이 되었다.[6]

본래, 하나님이 택하신 이스라엘을 하나님은 "나의 종"이라고 부르셨다 (사 44:1). 그 이유는 이스라엘을 복음의 종으로 사용하시기 위함이었다. 그러나 그 백성은 그들에게 주어진 특권은 누리면서도 사명은 거부하였다. 하나님은 어쩔 수 없이 그들을 제쳐놓고 다른 족속을 택하실 수밖에 없었다. 왜냐하면 인류의 구원이라는 하나님의 목적은 중단될 수 없었기 때문이다. 그 족속이 바로 예수 그리스도의 몸인 교회였다. 그분과 연합된 교회는 이제 하나님의 택하신 족속이 되어 본래 이스라엘에게 주어졌던 특권을 누리며 동시에 사명을 준수하게 되었다. 이와 같은 이중적인 축복을 받은 교회는 *택하신* 족속이라고 일컬음을 받게 되었다.[7]

그렇다면 왜 *왕 같은 제사장*인가? 그는 이스라엘의 어느 제사장도 닮지 않았다. 하나님이 모세를 통하여 제사장 나라라는 칭호를 주실 때는 제도적으로 제사장은 존재하지 않았다. 모세의 모델이 되었던 제사장은 멜기세덱이었는데, 그는 왕이자 동시에 제사장이었다 (창 14:18; 히 7:1). 그런데 멜기세덱은 유다 지파에 속한 대제사장이신 예수 그리스도의 모형이다 (히 7:14, 26). 그러므로 그리스도인들이 *왕 같은 제사장*이라고 불리는 것은 그들이 왕이요 제사장이신 예수 그리스도와 연관되기 때문이다.[8]

그러면 *왕 같은 제사장*은 어떤 특권을 갖는가? 다음과 같이 두 가지를 언급할 수 있을 것이다. 첫째는 *제사장*으로서의 특권, 곧 어떤 인간도 하나님과 제사장 사이에 들어올 수 없으므로 제사장만이 하나님에게 나아갈 수 있는 특권을 갖는다.[9] 둘째는 *왕 같은* 제사장이기에 하나님이 주시는 능력으로 죄와 세상과 마귀를 이길 수 있는 특권이다.[10] 결국, 왕은 그리스도인들의 높아진 신분을 나타내며, 제사장은 그리스도인들의 직분을 가리킨다.

*거룩한 나라*는 경건치 않은 것으로부터 완전히 분리되었을 뿐 아니라, 하나님에게 온전히 바쳐진 나라를 의미한다. 이스라엘 백성이 출애굽을 한 이후 애굽의 풍속을 닮아서도 안 되며, 그렇다고 가나안의 습관을 따라서도 안 되는 것과 같다 (레 18:3). 그들은 완전히 하나님의 법도만을 따라서 하나님을 드러내야 한다 (레 18:4). 마찬가지로, 그리스도인들도 불신자들과 같이 되려는 일체의 욕망을 포기하고, 거룩한 삶을 추구해야 한다.[11]

*백성*은 같은 조상을 뿌리로 가지고 있다는 의미를 내포한다. 이스라엘 백성의 조상은 아브라함이다. 그러나 신앙 공동체에 속한 *백성*의 조상은 하나님 아버지이시다. 그분은 예수 그리스도의 죽음과 부활을 통하여 한 *백성*을 탄생시키셨는데, 그 *백성*이 바로 교회이다.[12] 이 사실을 베드로는 이렇게 분명히 묘사한다, "....우리 주 예수 그리스도의 아버지 하나님이 그 많으신 긍휼대로 예수 그리스도의 죽은 자 가운데서 부활하심으로 말미암아 우리를 거듭나게 하사 산 소망이 있게 하시며" (벧전 1:3). 물론 여기에서 *우리*는 하나님의 백성을 의미한다.

*하나님의 소유*는 "특별한 보석"이란 의미를 지닌다.[13] 구약 시대에 하나님이 이스라엘 백성을 선택하시고 너무나 값진 보

석처럼 소유하고, 보호하고, 인도하신 것처럼, 현재에는 그리스도인들을 그처럼 값지게 여기신다. 그 이유는 무엇인가? 하나님이 예수 그리스도의 생명인 피 값을 지불하고 그들을 사셨기 때문이다. 바울 사도도 그리스도인들의 소중함을 이렇게 묘사했다. "값으로 산 것이 되었으니, 그런즉 너희 몸으로 하나님께 영광을 돌리라" (고전 6:20; 7:23 참조).

3. 새로운 목적

그러면 왜 하나님은 예수 그리스도를 구세주로 영접한 사람들의 신분을 이처럼 상승시키셨는가? 그것은 이스라엘 백성이 상승된 신분을 젖과 꿀이 흐르는 약속의 땅에서 만끽할 뿐 아니라, 또한 상승된 신분으로 세계 도처에 있는 이방인들에게 그들이 경험한 하나님을 전해야 했기 때문이다. 마찬가지로, 하나님은 그리스도인들이 불신자들에게 복음을 전하게 하기 위해서 신분을 상승시키신 것이다. 그것을 베드로는 이렇게 언급한다: "이는 너희를 어두운 데서 불러내어 그의 기이한 빛에 들어가게 하신 이의 아름다운 덕을 선포하게 하려 하심이라" (9절).

베드로는 복음전도를 간단히 *선포하다*는 단어로 표현한다. 헬라어로 *엑상겔로*(ἐξαγγέλλω)인 이 단어는 "발표하다"의 의미를 지니고 있다. 이 단어는 숨겨져 있던 어떤 사건이나 진상을 세상에 알림으로, 그 결과 세상 사람들이 그 사건이나 진상에 대하여 잘 알게 되는 것을 뜻한다.[14] 이런 선포는 믿는 자들의 신분에 걸맞는 일체의 행위를 포함하는데, 거기에는 말뿐 아니

라 품행도 포함한다. 그리고 이런 선포의 행위는 언제나 그리고 어떤 환경에서도 드러나야 한다.[15]

그렇다면 그리스도인들은 무엇을 선포해야 하는가? 그것은 하나님의 "아름다운 덕"이다. 하나님의 덕은 그리스도인들을 구원하셨을 뿐 아니라, 그들을 택하신 족속, 왕 같은 제사장, 거룩한 나라, 하나님의 소유로 삼으신 그분의 인자하심, 그분의 위대하심, 그분의 사랑과 지혜와 능력, 그리고 그분의 영광을 의미한다.[16] 이런 하나님의 "아름다운 덕"은 신분에 걸맞는 언어와 행동을 통하여 전해야 한다.

베드로는 이런 덕을 보다 구체적으로 설명한다. 그것은 "...어두운 데서 불러내어 그의 기이한 빛에 들어가게 하신" 하나님의 덕이다. 여기에서 베드로는 두 쌍의 대조를 보여 준다: *어두움과 빛, 불러내다와 들어가다.* 어두움은 물론 죄책, 무지 및 죽음을 상징하며, 빛은 반대로 용서, 진리 및 생명을 상징한다.[17] 모든 그리스도인들은 그처럼 어두운 곳에서 허우적거리며 살았었는데, 하나님의 은총으로 그처럼 놀라운 빛 가운데로 들어왔다.

*불러내다*는 정욕적인 삶과 우상 숭배로부터 건져낸다는 의미를 강력히 표현하는 동사이다. 하나님은 애굽에서 그처럼 오랫동안 억압과 슬픔에 휩싸여 있던 이스라엘 백성을 불러내셨다. 그러나 그것으로 끝나지 않고 하나님은 그들을 마침내 약속의 땅, 가나안으로 들여보내셨다 (신 6:23). 마찬가지로, 하나님은 바울을 "어둠에서 빛으로, 사탄의 권세에서 하나님께로 돌아오게" 하셨다 (행 26:18). 그 목적은 이스라엘 백성과 마찬가지

로 변화된 바울로 하여금 이방인들에게 널리 복음을 전하게 하기 위함이었다 (롬 15:16).

베드로에 의하면, 하나님이 그리스도인들을 세상으로부터, 죄로부터 그리고 마귀로부터 불러내신 목적이 있다. 그것은 여전히 그 속에서 길을 잃어버린 죄인들에게 찾아가서 하나님의 사랑과 능력을 전하는 것이다. 그렇게 할 때 그들은 어두움에서 나아와 빛 가운데로 들어갈 수 있기 때문이다. 그러므로 그리스도인들은 너나 할 것 없이 팔을 걷어 부치고 믿지 않는 자들에게 예수 그리스도를 소개하지 않으면 안 된다.

4. 변화된 모습

베드로는 복음을 전해야 될 사람들의 변화된 모습을 묘사한다. 왜냐하면 그처럼 변화를 경험해보지 못한 사람들은 확신을 가지고 전도할 수 없기 때문이다. 이런 변화를 베드로는 이렇게 표현한다. "너희가 전에는 백성이 아니더니 이제는 하나님의 백성이요, 전에는 긍휼을 얻지 못하였더니 이제는 긍휼을 얻은 자니라" (10절). 이 말씀에 의하면, 어둠에 처해 있던 믿기 전의 상태를 여러 가지의 죄상을 열거하면서 설명하지 않고, 하나님과의 관계와 연결시켜서 설명한다. 그 이유는 간단하다! 하나님과의 단절된 관계를 인식해야 하나님에게로 돌아와서 그 관계를 회복할 수 있기 때문이다.[18]

베드로는 변화되기 전후의 모습을 대조적으로 묘사하기 위하여 "전에는...이제는"이란 표현을 사용한다. 두말할 필요도 없이, *전에는*이란 표현은 어두움에 묻혀 살던 과거를 가리키며, *이제는*이란 표현은 빛으로 들어온 현재를 가리킨다. 다시 말해서, 믿지 않던 과거와 믿는 현재를 대조한 것이다. 베드로는 다른 곳에서도 이런 단어들을 사용함으로 과거와 미래를 대조한다: "너희가 *전에는* 양과 같이 길을 잃었더니, *이제는* 너희 영혼의 목자와 감독 되신 이에게 돌아왔느니라"(벧전 2:25).[19]

그러면 베드로는 과거와 현재를 어떻게 대조했는가? 두 가지로 대조했는데, 첫째는 백성으로 대조했고, 둘째는 긍휼로 대조했다. 먼저, 백성에 대한 언급을 보면 다음과 같다. "너희가 전에는 백성이 아니더니 이제는 하나님의 백성이요." 이 말씀에 의하면, 하나님과 분리되어 있는 사람들, 곧 하나님과 관계를 맺지 못한 사람들은 영적으로 보면 사람이 아니라는 의미이다.[20]

그것을 달리 묘사하면, 그들은 인생의 목적도 없이 존재하는 것에 불과하다. 하나님이 사람을 창조하고 삶을 허락하셨는데도 그 창조주를 저버리고 산다면, 그것은 엄밀한 의미에서 인생의 의미와 가치를 알지 못하고 사는 것과 같기 때문이다. 그들은 하나님과의 교제를 모르기 때문에 아무런 성취감도 없이 산다.[21] 오히려 어두움 속에서 방향 감각을 잃고 허우적대면서 짧은 인생을 살아간다.

둘째는 긍휼로 대조했다: "전에는 긍휼을 얻지 못하였더니 이제는 긍휼을 얻은 자니라." 본래 이 말씀은 호세아 2장 23절의 인용이다. 호세아에 의하면 이스라엘 백성은 각양각색의 죄를 범하면서 살았다. 그 결과 그들은 하나님으로부터 긍휼도 얻지 못하고 백성도 아니라는 저주를 받았다. 그러나 하나님은 하나님 자신의 이름을 위해 그들에게 긍휼을 다시 베푸시어 하나님의 백성으로 삼으셨다.

마찬가지로, 우상 숭배, 저주, 속임, 살인, 도둑질, 간음 등에 휩싸여서 어두움 가운데 있던 사람들에게 하나님은 예수 그리스도를 통하여 긍휼을 베푸셨다 (호 3:1; 4:2 참조). 그 결과 회개와 믿음을 통하여 그들도 하나님의 백성이 되었다. 다시 말해서, 그들은 영적으로 죽었었으나, 이제는 영적으로 살아나서 하나님과의 관계를 회복한 것이다. 그런 놀라운 경험을 토대로 그들의 신분이 상승된 것이다.

나가면서

그렇다면 하나님은 그들에게 왜 이처럼 놀라운 구원을 경험하게 하셨는가? 왜 그처럼 고귀하고도 존엄한 신분을 부여하셨는가? 그것은 그들에게 베푸신 하나님의 큰 긍휼에 감격해 하면서, 하나님의 사랑과 능력을 세상에서 선포하게 하기 위함이다. 그런 선포는 결코 성경적인 이론에만 의지하지 않는다. 그런 선포는 그들이 경험한 구원을 토대로 이루어지는 능력 있는 증거이다.

III. 누가복음에 제시된 제자

9. 우선 순위의 설정

10. 자기 부인

11. 소유권의 포기

12. 맛 잃은 소금

9

우선 순위의 설정

우선 순위의 설정

"수많은 무리가 함께 갈 새, 예수께서 돌이키사 이르시되, '무릇 내
게 오는 자가 자기 부모와 처자와 형제와 자매와 더욱이 자기 목숨
까지 미워하지 아니하면, 능히 내 제자가 되지 못하리라.'"

누가복음 14:25-26

들어가면서

예수님은 예루살렘으로 올라가기로 굳게 결심하신 바 있었
다 (눅 9:51). 그리고 그 결심에 따라 예루살렘을 향하는 도중
(눅 13:22; 17:11, 18:31, 19:28 참조) 한편 많은 것들을 가르쳤
고, 또 한편 많은 기적들을 행하셨다. 자연스럽게 많은 사람들
이 예수님이 메시야일지도 모른다는 기대에 부풀어서 그분을
따랐다. 그들은 앞으로 있을지도 모를 유대 나라의 회복이라는
영광과 축복을 결코 놓치고 싶지 않았던 것이다.[1]

그러나 실상은 예수님이 유월절 절기에 유월절 양이 되어 십자가에서 죽기 위하여 예루살렘으로 발걸음을 옮기고 계셨다. 그런 목적을 예수님은 제법 구체적으로 밝히신 적이 있었다: "그러나 오늘과 내일과 모레는 내가 갈 길을 가야 하리니, 선지자가 예루살렘 밖에서는 죽는 법이 없느니라. 예루살렘아, 예루살렘아, 선지자들을 죽이고 네게 파송된 자들을 돌로 치는 자여, 암탉이 제 새끼를 날개 아래에 모음 같이 내가 너희의 자녀를 모으려 한 일이 몇 번이냐? 그러나 너희가 원하지 아니하였도다"(눅 13:33-34).

예수님이 예루살렘으로 가셔서 십자가에서 죽으시려는 목적은 두말할 필요도 없이 인류의 구원이었다. 그리고 예수님이 승천하신 후부터는 그 목적이 제자들의 몫이 될 것이다. 그처럼 중요한 목적을 실현해야 할 제자들은 더 이상 평범한 사람들일 수는 없었다. 그들이 예수님의 목적을 물려받기 위해서는 그분의 생활 방식도 물려받아야 했다. 그런데 예수님의 생활 방식은 처음부터 끝까지 다른 사람들을 위한 자기 부인이었다.

이런 점에서 예수님은 다른 지도자들과는 달랐다. 대부분의 지도자들은 많은 사람들이 따르는 것을 즐긴다. 그러나 예수님은 사람들이 가시적(可視的)이거나 물질적인 축복 때문에 따르거나, 아니면 피상적으로 따르는 것을 원하지 않으셨다. 그런 사람들은 결코 다른 사람들을 위한 구속적 (救贖的) 삶이나 희생적 삶을 영위할 수 없기 때문이다. 그들은 평상시에 잘 따르는 것 같지만, 위기나 위험이 오면 그들에게 주어진 목적을 망각하고 자신의 영달(榮達)을 위하여 예수님을 배반할 것이다. 그런 이유 때문에 예수님은 그를 따르는 "수많은 무리"에게 인간적으로 볼 때 거의 불가능한 제자도의 기준을 제시하셨다.

본문을 열면서

예수님이 제시하신 첫 번째 기준은 가족 관계에 관한 것이다. 예수님의 말씀을 직접 들어보자: "무릇 내게 오는 자가 자기 부모와 처자와 형제와 자매와 더욱이 자기 목숨까지 미워하지 아니하면 능히 내 제자가 되지 못하리라" (26절). 이런 기준은 얼른 보기에는 구약성경의 가르침에도 배치(排置)되는 것 같다. 왜냐하면 하나님이 인류를 창조하신 후 최초로 세우신 제도가 바로 가족이기 때문이다 (창 2:18-25). 뿐만 아니라, 신약성경의 가르침과도 배치되는 것 같다 (마 19:5; 막 10:7-8; 엡 5:31). 예수님은 원수까지도 사랑하라고 가르치는데 (마 5:44), 가정은 두말할 필요도 없지 않은가?[2]

실제로, 가정은 인간이 일군 모든 조직 가운데서 가장 기본적이다. 가정은 학교의 모델이다; 그 이유는 모든 교육 기관이 가정에서 발전했기 때문이다. 가정은 병원의 모델이다; 그 이유는 거기에서 돌봄과 치유가 시작되었기 때문이다. 가정은 정부의 모델이다; 그 이유는 거기에서 질서와 권위가 시작되었기 때문이다.[3] 그런데 가정의 핵심 구성원인 부모와 처자와 형제와 자매를 미워해야 제자가 된다니, 이것은 참으로 모순이 되는 말씀처럼 보이지 않을 수 없다.

1. "미워하다"

모순처럼 보이는 이 말씀의 진의(眞意)를 알아보기 위해 "미워하다"는 동사를 살펴보자. 헬라어로 *미세오*(μισέω)인 "미워하다"는 본래 "미워하다"의 뜻 이외에 다른 뜻도 가지고 있다. 그것은 어떤 사람이나 어떤 물건을 다른 사람이나 다른 물건보다 상대적으로 덜 좋아한다는 뜻이다. 그런데 상대적으로 덜 좋아한다는 것을 성경에서는 "미워한다"고 표현하기도 한다.[4]

실례로, 창세기에 기록된 야곱과 에서의 이야기를 들 수 있다. 그들이 태어나기도 전에 하나님은 에서를 택하지 않고 동생인 야곱을 택하셨다 (창 25:21-26). 그리고 야곱을 통하여 하나님은 이스라엘이란 나라를 일으켰고, 또한 이스라엘을 통해 메시야를 보내셨다. 이처럼 야곱을 선택한 사실을 말라기는 이렇게 묘사했다, "...그러나 내가 야곱을 사랑하였고, 에서는 미워하였으며..." (말 1:2-3; 롬 9:13 참조).

이 쌍둥이가 그들의 어머니 리브가의 뱃속에 있는 동안, 하나님은 그들의 아버지 이삭에게 약속한 언약을 동생 야곱을 통하여 이루시기로 결정하셨다. 하나님은 야곱을 선택함으로 형 에서를 제쳐 놓으셨다. 그렇다고 하나님이 에서를 버리거나 미워하신 것은 아니었다. 그렇다면 어떻게 에서가 큰 민족을 이룰 수 있었겠는가? 에서를 *미워한다*는 의미는 하나님이 동생 야곱보다 에서를 덜 사랑하셨다는 뜻이며, 바꾸어서 말하면, 야곱을 상대적으로 더 사랑하셨다는 뜻이다.[5]

그렇다면, "...부모와 처자와 형제와 자매와 더욱이 자기 목숨까지 미워하지 아니하면..."이란 본문의 의미가 분명히 드러난다. 그것은 그 모든 사람들을 상대적으로 다른 어떤 사람보다 덜 사랑해야 된다는 의미이다. 물론 다른 어떤 사람은 예수 그리스도이다. 이것을 바꾸어서 말하면, 예수 그리스도를 상대적으로 다른 어떤 사람들보다, 심지어는 식구들보다도 더 사랑해야 한다는 말이다.

그런 이유 때문에 마태는 같은 내용을 좀 다르게 표현했다, "내가 세상에 화평을 주러 온 줄로 생각하지 말라; 화평이 아니요 검을 주러 왔노라. 내가 온 것은 사람이 그 아버지와, 딸이 어머니와, 며느리가 시어머니와 불화하게 하려 함이니, 사람의 원수가 자기 집안 식구리라. 아버지나 어머니를 나보다 더 사랑하는 자는 내게 합당하지 아니하고 아들이나 딸을 나보다 더 사랑하는 자도 내게 합당하지 아니하며..." (마 10:34-37).

마태는 가족 간에 불화를 주기 위해서 예수님이 오셨다고 언급하면서, 강한 어조로 각자의 원수가 가족이라고 했다. 그리고 마태는 그 의미를 설명하는데, 그것은 바로 사랑의 문제라는 것이다. 다시 말해서, 예수 그리스도보다 부모나 자녀를 더 사랑하면 제자로서 합당치 않다는 것이다. 결국 마태는 사랑이라는 적극적인 표현으로, 누가는 미움이라는 소극적인 표현으로 각각 예수 그리스도의 제자도에 대해 언급한 셈이다.

2. 절대적 권세

그렇다면 왜 예수 그리스도의 제자는 부모와 처자와 형제와 자매보다도 그분을 더 사랑해야 하는가? 그 이유는 예수님이 가지신 절대적인 권세 때문이다. 물론 절대적인 권세는 하나님에게만 적용된다. 그런데 사람들을 불러 제자로 삼으시겠다는 이 예수 그리스도는 바로 그 하나님이시다. 그분은 말씀으로 모든 것을 창조하셨는데, 그 가운데는 인간도 포함된다 (요 1:3).

사람도 그분의 창조물이며, 그 창조물에게 생명을 주시는 분도 바로 예수 그리스도이시다. 그뿐 아니라, 그분은 생명의 매개인 가정도 허락하신다. 그런 이유 때문에 부모와 처자와 형제와 자매도 역시 하나님이 허락하신 선물이다. 따라서 예수 그리스도는 가족 위에 자리매김을 하신다. 그러므로 누구든지 예수 그리스도의 제자가 되기를 원한다면, 그분의 절대적인 권세에 순종해서 그분을 가족보다 더 중요하게 여겨야 한다.

예수 그리스도는 그런 절대적인 권세를 이미 사용하신 적이 있었다. 그분은 폭풍우도 잠재우셨고 (눅 8:23-25), 죄의 용서도 선포하셨다 (눅 5:20). 그분은 귀신들린 자에게서 귀신들을 쫓아내셨고 (눅 8:26 이하), 죽은 자를 다시 살리셨다 (눅 8:49-56). 그뿐 아니다! 그분은 제자들이 "하나님의 그리스도"라는 신앙 고백을 받아들이셨고 (눅 9:18-20), 제자들을 파송하셨으며 (눅 10:1 이하), 지금까지 들어보지 못한 놀라운 것들을 가르치셨다.

이와 같은 절대적인 권세를 가진 예수 그리스도의 제자가 되기를 원하면 당연히 그분의 권세를 받아들여야 한다. 그 방법은 간단하다! 그분에게 절대적으로 순종해야 한다. 이미 위에서 언급한 것처럼, 그분의 제자는 어떤 사람보다도 그분을 더 사랑해야 한다. 누가의 표현에 의하면, 상대적으로 모든 사람을 미워해야 한다. 다른 말로 하면, 예수 그리스도의 제자는 그분을 위하여 가족을 포함한 어떤 사람도 포기할 수 있어야 한다.

물론 가정에서 권세가 부모에게 주어진 것도 사실이다. 그러나 예수 그리스도의 제자가 되기를 원하는 사람이 예수님의 권세와 부모의 권세 사이에 갈등이 생겼을 때, 그분의 권세에 굴복할 수 없다면 그는 더 이상 그분의 제자가 아니다. 처자를 향한 애정 때문에 예수 그리스도의 권세에 굴복할 수 없다면 그도 역시 그분의 제자는 아니다. 자신의 욕구와 감정 때문에 예수 그리스도의 권세에 굴복할 수 없다면 그도 역시 그분의 제자는 아니다. 그는 그분의 구속적 사역에 참여할 수 있는 제자가 아니라, 일시적인 축복의 부스러기에 만족해야 하는 무리에 속한 신앙인일 뿐이다.

이 시점에서 주의하지 않으면 안 될 것이 있다. 예수 그리스도는 자기를 따르고자 하는 제자들에게 부모와 처자와 형제와 자매를 *항상* 미워하라고 명령하시지 않는다는 사실이다. 단지 그들의 요구가 그분에 대한 충성을 가로막을 때, 그분의 제자는 사랑하는 식구들이라 할지라도 그들을 마치 미워해야 할 대상으로 간주해야 한다. 그러나 사랑하는 가족을 예수 그리스도에 대한 충성 때문에 미워하지 않으면 안 될 때에라도, 그는 그분의 사랑의 법칙에 따라 그들을 계속해서 사랑해야 한다.[6]

3. 상대적 권세

그렇다면 부모와 처자와 형제와 자매는 어떤 권세를 소지하는가? 그들의 권세는 상대적이라고 할 수 있다. 그 이유는 다음과 같은 이유 때문에 분명하다. 첫째, 그들의 권세가 언제나 예수 그리스도의 권세 앞에서 굴복되어야 하기 때문이다. 둘째, 그들에게 주어진 권세는 변화될 수 있는 감정적인 요인이 잠재해 있기 때문이다. 셋째, 그들에게 주어진 권세는 그들이 속한 세상과 문화라는 굴레에 속박될 수 있기 때문이다.

예수 그리스도는 구속적 죽음을 통하여 죄인들을 한 사람씩 세상에서 불러내셨다. 그 결과 그들은 그리스도인이 되었고, 따라서 예수 그리스도의 제자가 되기를 원하게 되었다. 예수 그리스도와 이런 관계를 맺은 사람들은 가정을 포함한 모든 인간 관계가 그분을 통해 이루어지게 진다. 예를 들면, 부모와의 관계에서도 그분의 뜻이 우선이다. 비록 부모는 반대해도 그분이 선교사가 되어 아프리카로 가라고 하시면 가야 한다. 그런 이유 때문에 예수 그리스도와의 관계는 일차적이며, 가족과의 관계는 이차적이며 상대적이다. 그리고 이것이 바로 하나님의 나라를 위한 우선 순위이다.[7]

가정은 하나님이 거룩하게 세우신 귀중한 공동체이다. 가정은 자녀가 생산되며, 양육되고, 성장되는 생명의 공동체이며 동시에 사랑의 공동체이다. 그런 이유 때문에 가정에는 그 식구들에 대한 애정과 헌신이 깃들어 있는 아름다운 곳이다. 그런 사랑 때문에 가정은 예수 그리스도의 권세와 충돌하기 쉬운 곳이기도 하다. 사랑이 함축하고 있는 기대와 합의가 깨어질 수 있기 때문이다. 그리고 기대와 합의가 깨어지면 배신감과 불신감이 스며들다가 결국 감정적으로 표출되기 마련이다.

그런 이유 때문에 예수 그리스도는 자기를 따르기를 원하는 제자들에게 부모와 처자와 형제와 자매를 *감정적*으로 미워하라고 하시지 않았다. 절대적인 권세를 소지한 예수 그리스도의 명령에 인격적이고도 *의지적인* 결단을 촉구한 말씀이다. 예수 그리스도는 누가복음 14장 26절에서 "감정의 영역을 다루고 계신 것이 아니라 의지의 굴복을 다루고 계셨다."[8] 이처럼 의지적으로 예수 그리스도의 명령을 가족의 사랑보다 우위에 두는 사람은 그분의 제자가 된다고 말씀하신다.

가정은 소중하긴 해도 그래도 그 가정이 속한 세상과 문화의 일부이며, 그런 까닭에 가족은 그 굴레에 속박될 수 있다. 그리스도인들이 속한 이 세상은 세상적인 원리에 의하여 움직이지, 결코 예수 그리스도의 가르침에 의하여 움직이지 않는다. 그리고 세상에 속한 가족은 조금만 한눈을 팔면 세상의 원리에 끌려갈 수 있다. 예를 들면, 고등학교 3학년 중에는 신앙 생활을 소홀히 해도 좋다는 부모의 종용이다.

문화적인 속박은 훨씬 더 무서운 갈등 요인이 될 수 있는데, 특히 가정을 중요시하는 한국 문화권에서는 더욱 그렇다. 필자의 예를 들어보자. 예수님을 믿고 난 후 얼마 지나지 않아서 아버지가 병환으로 입원하셨다. 기도와 고민 끝에 주일 예배를 드리고 병원으로 달려갔다. 부모님은 병원으로 먼저 오지 않고 교회에 먼저 간 필자에게 적잖은 감정을 표출하셨다. 그 날 예배에서 성령이 특별히 임재하여 필자의 부족한 설교를 축복하신 은혜 때문에 모든 문화적인 충돌을 감수할 수 있었다.

나가면서

예수 그리스도가 부모와 처자와 형제와 자매를 미워하라고 명령하신 것은 세계 복음화를 제자들에게 맡기시겠다는 목적 때문이었다. 그 숭고한 목적을 이루기 위하여 제자들은 예수 그리스도의 절대적 권세에 모든 상대적 권세를 굴복시키지 않으면 안 되었다. 그래야 비로소 제자들은 그들의 주님을 위하여 자유스러운 결정과 행동을 제한하는 일체의 연결 고리를 끊을 수 있는 것이다. 그것을 주님은 누가복음에서 *미움*이라고 표현하셨다.9)

그런데 놀라운 사실은 기독교가 역설적(逆說的)이라는 것이다. 이처럼 예수 그리스도의 절대적인 권세에 굴복하는 가정은 화평을 누린다는 것이다. 그 이유는 간단하다! 그런 가정에는 위계 질서(位階秩序)가 정립되어 질서와 화목이 넘치기 때문이다. 부부의 관계가 주종 관계로 전락하지 않고 사랑의 관계를 유지한다. 부모와 자녀의 관계는 순종과 보호라는 아름다운 관계로 발전한다. 형제와 자매는 서로를 우애하고 밀고 끌어 주는 관계가 된다. 서로를 위하여 기도하며, 서로의 유익을 위하여 희생한다. 무엇보다도 그들의 주인이신 예수 그리스도가 그 가정에 임재하여 평안을 넘치도록 부어 주신다.

그러나 어떤 가정에서는 예수 그리스도의 권세에 굴복하려는 가족과 그렇지 않은 가족 사이에 갈등이 일어날 수도 있다. 비난과 냉대 속에서 눈물을 흘리는 제자들도 있을 것이나, 그것은 일시적인 현상일 뿐이다. 뿐만 아니라, 주님은 그들이 아픔을 극복할 수 있는 힘을 주시며, 동시에 위로와 사랑을 받을 수 있는 새로운 교제권을 허락하신다. 그런 이유 때문에 예수님은 어머니와 동생들이 그를 찾아왔을 때 이렇게 말씀하셨다. "내 어머니와 내 동생들은 곧 하나님의 말씀을 듣고 행하는 이 사람들이라" (눅 8:21).

새로운 교제권은 영적 가정이기에 바울 사도도 "하나님의 가족"이라고 불렀다 (엡 2:19). 이 가정이 너무나 위대한 이유가 있다: 모든 식구들의 아버지가 바로 하나님이시다. 모든 가족의 어머니는 교회이며, 그 가정의 맏형은 예수 그리스도이시다 (히 1:6; 2:11-12). 이 가정의 모든 구성원이 예수님을 통하여 죄를 용서받았으며, 따라서 그분을 사랑하며, 성경을 읽으며, 서로를 위해 기도하기에 이 가정은 세상에서 가장 행복한 가정이다.

이 모든 것을 잘 예시(豫示)하는 성경의 인물이 있는데, 바로 아브라함이다. 그는 하나님의 절대적인 권세에 굴복하여 모든 친척과 친구를 떠났다 (창 12:1, 4). 그는 그 때부터 이방인이요 나그네의 신세와 경멸을 감수했다 (히 11:13). 그뿐 아니었다! 그는 아들 이삭을 제물로 바치라는 하나님의 부르심을 받았다 (창 22:2). 그는 아무도 없는 모리아산에서 아들을 제물로 바쳤다. 그 순간은 아내는 물론, 어떤 가족도 개입할 수 없는 외로운 결단이었다. 그러나 하나님의 권세에 완전히 굴복한 순간이었다.

그에게 무엇이 주어졌는가? 그가 하나님의 절대적인 권세에 굴복하여 포기한 모든 것을 되돌려 받았다. 그에게 이삭이 다시 주어졌다 (히 11:19). 그는 그 아들과 함께 모리아산을 내려와서 집으로 돌아왔다. 모든 것이 과거와 똑같았다. 그러나 진정으로 변화된 것은 아브라함 자신이었다. 그는 하나님의 권세에 모든 상대적인 권세를 굴복시켰고, 그 아름다운 결말을 보았다. 그는 하나님의 약속을 하나님 자신이 이루신다는 놀라운 진리를 경험했을 뿐 아니라, 믿음의 조상이 되어 오랫동안 기림을 받는 존귀한 인물이 되었다.

예수 그리스도는 오늘도 그를 따르는 많은 사람들에게 제자가 되는 기준을 제시하신다: "무릇 내게 오는 자가 자기 부모와 처자와 형제와 자매와 더욱이 자기 목숨까지 미워하지 아니하면 능히 내 제자가 되지 못하리라."

10

자기 부인

자기 부인

"누구든지 자기 십자가를 지고 나를 따르지 않는 자도 능히 내 제자가 되지 못하리라."

누가복음 14:27

들어가면서

예수님이 예루살렘으로 가시는 도중에 그분을 따르는 헤아릴 수 없을 만큼 많은 사람들에게 제자도에 대하여 두 번째로 제시하신 기준은 첫 번째 못지않게 어려운 것이었다. 그 기준은 "자기 십자가"를 져야 한다는 것이었다. 그 방법이 아니면 어떤 사람이든지 예수님의 제자가 아니라는 것이었다. 실제로, 예수님은 십자가를 지시기 위하여, 다시 말해서, 죽음을 맛보기 위하여 예루살렘으로 가시고 있었다. 그렇다면 그분을 따르려는 제자들도 그들의 주님처럼 십자가를 지고 죽을 각오가 되어야 한다는 것이다.

그러면, 왜 제자들도 주님처럼 십자가를 지는 것이 당연한가? 그 이유는 간단하다! 제자란 그 주인이신 예수 그리스도를 닮는 사람을 의미하기 때문이다. 일반적으로, 제자는 스승의 학문이나 기술을 전수받는 사람을 가리킨다. 그런 의미에서 아리스토텔레스(Aristotle)의 제자도 있고, 미켈란젤로(Michelangelo)의 제자도 있다. 성경에서도 그와 유사한 제자를 찾을 수 있는데, 모세의 제자(요 9:28)와 세례 요한의 제자가 그 실례이다 (요 1:35-37).

그러나 예수 그리스도가 요구하는 제자란 다르다. 물론 예수님도 제자들이 그의 가르침을 전수받기를 원하셨다. 그런 이유 때문에 제자들에게 "너희가 내 말에 거하면 참으로 내 제자가 되리라"고 말씀하신 바 있다 (요 8:31). 그러나 예수님은 그 이외에도 제자가 되는 조건을 더 제시하셨다. 이미 살펴본 대로, 예수님은 제자들이 "서로 사랑하라"고도 하셨고 (요 13:35), "열매를 많이 맺으라"고도 하셨다 (요 15:8).

이런 조건들은 결코 지식이나 기술의 전수를 가리키지 않는다. 그것은 삶의 방식이자 동시에 삶의 목적이다. "서로 사랑하라"는 제자가 영위해야 되는 삶의 방식을 가리키고, "열매를 맺으라"는 삶의 목적을 가리킨다. "열매를 맺으라"가 삶의 목적인 이유는 바로 세상의 복음화를 위하여 예수님이 십자가를 지셨고 또 그것을 위하여 제자들을 부르셨기 때문이다. 그리고 누가복음은 이와 같은 삶의 방식과 목적을 이루는 방법을 보다 구체적으로 제시한다.

본문을 열면서

예수 그리스도의 제자는 그분을 따르는 자이다. 그런데 누가복음 14장 26-27절은 예수님을 따르는 제자를 약간씩 다르게 묘사하고 있다. 앞 절에서는 "내게 오는 자"이고, 뒷 절에서는 "나를 따르는 자"이다.[1] 이 두 표현은 근본적으로 예수님의 제자가 되기를 원하는 사람들을 가리킨다. 그 이유 때문에 두 표현은 각각 "내 제자가 되지 못하리라"는 똑같은 선언으로 끝을 맺는다.

그러나 그 표현들을 좀더 자세히 살펴보면 약간의 차이를 찾을 수 있다. "내게 오는 자"는 예수님을 스승으로 모시겠다는 결단의 표현이다. 다시 말하면, 단순한 신자의 신분을 넘어 새로운 차원의 관계를 맺겠다는 결단의 표현이다. 반면에 "나를 따르는 자"는 그 관계를 지속시키겠다는 결단을 서술한다. 다시 말해서, 전자(前者)는 제자가 되는 시작점을 의미하고, 후자(後者)는 제자가 된 후의 진행을 의미한다. 전자는 스승과 제자의 관계로 들어가는 믿음을 강조한다면, 후자는 그 관계를 지속시키겠다는 행동의 과정을 강조한다.[2]

결국, 예수 그리스도의 제자가 되려면 시발점이 있어야 한다. 그 시발점은 예수 그리스도에 대한 충성심의 다짐이다. 그런데 그 충성심은 그분에 대한 사랑으로 표현되며, 그 사랑이 너무나 짙기에 다른 어떤 사람도 끼어들 수 없다. 다시 말해서, 예수 그리스도의 제자는 그분에게 우선권을 드려야 한다. 부모와 처자와 형제와 자매보다, 심지어는 자신에게보다 그분에게 우선권을 드려야 한다. 그렇지 않으면 예수 그리스도의 제자로서 입문

(入門)한 것이 아니다.

이처럼 중요한 결단을 하여 예수 그리스도의 제자가 된 사람은 그것으로 제자가 다 된 것이 아니다. 그는 끊임없이 제자다운 삶을 영위하며, 개발해야 한다. 이런 과정을 소홀히 하면 그는 그분의 제자로서의 실증(實證)을 보이지 않는 것이며, 따라서 그분의 제자가 아니다. 그러면 제자다운 삶을 어떻게 영위할 수 있는가? 예수님은 위의 본문에서 다음과 같은 세 가지를 제시하신다: (1) 자기 부인, (2) "십자가를 지라," (3) "나를 따르라."[3]

1. 자기 부인

예수 그리스도는 제자가 되는 똑같은 기준을 다른 곳에서도 말씀하시는데, 바로 누가복음 9장 23절이다. 그 말씀을 직접 읽어보면 이렇다: "또 무리에게 이르시되, '아무든지 나를 따라오려거든 자기를 부인하고, 날마다 제 십자가를 지고, 나를 따를 것이니라.'"[4] 이 말씀에 의하면 *자기 부인*이 추가된 사실을 볼 수 있다. 이 소극적 표현이 누가복음 14장 27절에서 생략된 것은 *자기 십자가를 지라*는 적극적 표현에 함축되었기 때문일 것이다. 자기를 부인하지 않고 자기 십자가를 질 수 있는 방법은 없기 때문이다.

그렇다면 왜 예수 그리스도의 제자는 자기를 부인해야만 하는가? 그 이유는 크게 두 가지인데, 하나는 소극적인 이유이고 다른 하나는 적극적 이유이다. 먼저 소극적인 이유를 살펴보자. *자기*(self)는 도대체 누구인가? *자기*는 언제나 인정받기를 원하며, 높아지기를 원한다. 그런 이유 때문에 *자기*는 실제보다도 높게 평가되기를 원하며, 그리할 때 그것은 교만으로 표출된다. 반대로 *자기*가 실제보다 낮게 평가되기를 원할 때도 있는데, 그것은 열등 의식의 표출이며, 결국은 교만의 부정적 표현이다.

이런 *자기*는 사탄으로부터 시작되었는데, 그는 하나님을 대적하여 높아지려는 마음을 이렇게 표현한 바 있다. "...내가 하늘에 올라 하나님의 뭇 별 위에 내 자리를 높이리라; 내가 북극 집회의 산 위에 앉으리라; 가장 높은 구름에 올라가 지극히 높은 이와 같아지리라" (사 14:13-14). 높아지려다 나락(奈落)으로 떨어진 사탄은 같은 마음을 첫 인간 아담과 하와에게 넣어 주었다 (창 3:5; 딤전 3:6). 그 결과 그들도 역시 높아지려다가 낮아질 대로 낮아졌다. 그뿐 아니었다! 그들은 그런 높아지려는 *자기*의 속성을 인간들에게 물려 주었다 (롬 5:12, 14).

그 후 인간은 모두 *자기* 길로 갔으며 (사 53:6), 예수 그리스도를 통해 구원을 경험한 후에도 역시 *자기* 길로 가기를 원한다. 그런 이유 때문에 바울 사도는 *자기* 안에 선한 것이 하나도 없다고 한탄하였다 (롬 7:18). 예수 그리스도의 제자가 되기를 원하는 사람은 누구든지 이처럼 부패하고 사악한 *자기*의 실제를 보아야 한다. 그리고 그런 *자기*를 보는 사람은 그런 *자기*를 부인하게 될 것이다. 그것도 기꺼이 부인하게 될 것이다.[5]

그러나 예수 그리스도의 제자가 되기를 원하는 사람이 *자기*를 부인해야 할 적극적인 이유도 있다. 그것은 스승이신 예수 그리스도가 부어 주시는 은혜와 영광 때문이다. *자기*가 부서져야 그분의 은혜와 영광이 임하는 것을 알기에 그분의 제자는 *자기를 부인하기를 갈망한다. 이런 갈망은 더 이상 *자기*의 이기적인 욕구에 대한 추구가 아니다! 주님의 임재를 간구하는 마음 속 깊이에서 우러나는 절규이다. 그분의 임재에 대한 깊은 열망 때문에 그는 기꺼이 *자기*를 부인하기를 원한다.[6)]

예수 그리스도의 제자는 어떤 대가를 지불한다 해도 그분을 위해 살기를 원하는데, 그 중에서 가장 큰 대가는 역시 *자기*를 포기하는 것이다. 바울은 이런 제자의 삶을 이렇게 표현하였다, "그가 모든 사람을 대신하여 죽으심은 살아 있는 자들로 하여금 다시는 그들 자신을 위하여 살지 않고, 오직 그들을 대신하여 죽었다가 다시 살아나신 이를 위하여 살게 하려 함이라" (고후 5:15). 바울의 간증처럼, 그분의 제자는 더 이상 그들 자신—자기 만족, 자기 성취, 자기 칭찬—을 위하여 살지 않고, 스승의 영광을 위해 살아야 한다.

2. "십자가를 지라"

예수님이 본문에서 제시하신 두 번째의 제자도는 "자기 십자가를 지라"는 명령이다. 십자가를 진다는 것은 단적으로 말해서 죽음을 의미한다. 예수님이 이 말씀을 하실 당시 십자가의 처형은 흔히 볼 수 있는 광경이었다. 그렇게 죽을 사람은 두 가지를 실행했는데, 우선 그 십자가를 지고 죽을 장소까지 가야했다. 수없이 채찍에 맞으면서, 그리고 말할 수 없는 수모를 당하면서 가야 했다. 그 다음 그 십자가 위에서 고통과 죽음을 맛보아야 했다. 그러므로 "자기 십자가를 지라"는 예수님의 말씀은 제자들도 죽음을 각오해야 한다는 의미였다.

이미 언급한 바 있지만, 예수님은 십자가 위에서 죽기 위하여 지금 예루살렘으로 가시는 도중이었다. 물론 그분이 원하면 그 십자가를 얼마든지 피하실 수 있었다. 그러나 예수님은 그의 뜻을 위해서가 아니라 하나님 아버지의 뜻을 위해서 이 세상에 오셨다 (요 5:30; 7:16-17). 그런 이유 때문에 예수님은 이 세상에서의 마지막 밤에 고민 가운데 기도하면서 이렇게 말씀하셨다, "아버지여, 만일 아버지의 뜻이어든 이 잔을 내게서 옮기시옵소서. 그러나 내 원대로 마옵시고 아버지의 원대로 되기를 원하나이다" (눅 22:42).

예수님의 생애는 그 자체가 이처럼 하나님 아버지의 뜻에 절대적으로 굴복하는 것이었다. 그런 굴복을 통하여 하나님은 예수님을 통해 세계 복음화를 계획하실 수 있었다. 그리고 그 계획의 절정이 바로 십자가의 죽음이었다.[7] 죽음까지 마다하지 않는 그런 굴복이 없었다면 십자가도 없었을 것이며, 따라서 인류의 구원도 없었을 것이다. 예수님은 담대하게 선언하실 수 있었다, "내가 하늘로서 내려온 것은 내 뜻을 행하려 함이 아니요, 나를 보내신 이의 뜻을 행하려 함이니라" (요 6:37-38).

예수님을 따르고자 하는 제자들의 삶은 그들의 스승이 밟은 길을 따라 가는 것인데, 그것은 바로 죽음이었다. 제자들은 십자가를 지면서 세상의 구경거리가 되는 모든 수치를 감수하지 않으면 안 되었다 (고전 4:9 참조). 그리고 더 나아가서 그들은 죽음조차도 각오하지 않으면 아니 되었다. 그런 각오가 없다면 그들은 예수 그리스도의 제자가 되는 것을 언제라도 포기할 수 있었다. 원하는 사람에게 포기할 수 있는 기회를 주기 위하여 예수님은 그를 따르고자 하는 허다한 무리에게 그 대가를 제시하셨던 것이다.

예수님은 인류의 구원을 위하여 십자가를 지셨다. 마찬가지로, 제자들도 다른 사람들의 구원을 위하여 십자가를 짊어지지 않으면 안 되었다. 그렇다면 십자가는 하나님이 맡기신 영혼들이라고 할 수 있을 것이다. 영혼들의 구원을 위해 산다는 것은 문자 그대로 십자가를 지는 것이다. 그 영혼들에게 접근하기 위하여 그들로부터 신뢰받을 수 있는 삶을 영위해야 하는데, 그것은 많은 희생과 훈련이 없으면 불가능하다.

그러나 궁극적으로는 잃어버린 영혼들을 찾아가서 복음을 구체적으로 전하지 않으면 그들을 구원할 수 없다. 그리고 그렇게 하려면 많은 대가를 치루지 않으면 안 된다. 종종 마음과 물질도 주어야 하며, 그들을 위하여 시간도 내야 한다. 그러나 무엇보다도 모든 오해와 조롱도 각오하지 않으면 그들을 찾아가서 복음을 전하기란 불가능하다. 그런 까닭에 복음전도는 십자가를 지는 삶이라고 할 수 있다.[8]

3. "나를 따르라"

*따르다*는 "같은 방식으로 간다"의 의미를 지닌다.[9] 예수 그리스도의 제자들은 그들의 스승이신 예수님과 같은 방식으로 가야 했다. 위에서 언급한 것처럼, 그들은 예수님이 지신 십자가를 지면서 고난을 감수하지 않으면 안 되었다. 실제로 제자들

모두 말할 수 없는 고난을 당했고 또 대부분은 순교를 당했다. 그들은 스승의 고난에 동참한 셈이었다. 그리고 그들이 당한 모든 고난은 역설적으로 그들이 예수 그리스도의 참 제자라는 사실을 확인한 셈이었다. 그들은 영원히 그분의 제자들이라는 인정을 받을 것이다.[10]

예수 그리스도의 제자들이 이처럼 스승처럼 살기 위해서는 전제 조건이 있었다. 그것은 그들이 옛 생활 방식을 포기하지 않으면 안 되었다는 것이다. 예수님의 부르심에 적극적으로 호응한 제자들은 한결같이 그들의 옛날을 포기했다. 베드로는 어부의 신분을 버렸고 (눅 5:11), 마태는 경제적으로 윤택한 세리의 직업을 버렸다 (눅 5:27-28). 바울은 그처럼 영광스러운 과거를 헌신짝처럼 버리고 예수 그리스도의 제자가 되었다 (빌 3:5-7). 물론 한시적이고도 허무한 물질을 포기할 수 없어서 예수 그리스도의 부르심을 거절한 젊은 관원도 있었지만 말이다 (눅 18:23).

이처럼 과거를 청산하고 예수 그리스도를 따르는 제자들은 자연스럽게 그들의 스승을 닮아갔다. 실제로, 그분을 닮아가지 않았다면 그들은 결코 제자가 될 수 없었다. 그들은 세계 복음화라는 비전도 물려받았고, 그 비전을 실현할 수 있는 제자화라는 방법도 물려받았다. 그뿐 아니라, 그들은 병들고 귀신들린 사람들을 동정하며 구체적으로 돕는 마음도 닮아갔다. 그들은 스승처럼 말씀에 깊이 들어가며 기도로 하나님을 전적으로 의지하는 모습도 닮았다. 스승이 그러셨던 것처럼, 그들도 다른 성도들과 함께 사랑과 교제를 나누었다. 한 마디로 말해서, 이

모든 것들은 제자도에 없어서는 아니 될 삶의 전수였다.[11]

예수 그리스도의 제자들은 적극적으로 많은 혜택도 누렸다. 첫 번째 혜택은 그들에게 주어진 권세였다. 예수님이 "나를 따르라"고 제자들을 부르신 권세는 구약성경에서 하나님이 선지자들을 부르실 때 사용하신 권세와 같았다.[12] 그리고 후에 예수님은 제자들에게 같은 권세를 주시면서 그들도 다른 사람들을 제자로 삼으라고 명령하셨다 (마 28:18-19). 그리고 제자들이 그 권세를 사용하여 다른 사람들을 제자로 부를 때, 놀랍게도 사람들은 적극적으로 반응하였다.

두 번째 혜택은 성령의 역사였다. 제자들이 사람들을 훈련시키면서 복음전도에 진력(盡力)할 때 성령이 임재하여 인간적으로 불가능한 역사들을 이루셨다. 그들이 복음을 전할 때 한 번에 수천 명씩 구원을 경험하게 되었다 (행 2:41; 4:4). 그들이 투옥되었을 때 성령이 옥문을 열어 주면서 복음을 전하라고 명령하셨다 (행 5:18-19). 그뿐 아니었다! 성령은 제자들을 세심하게 인도하시면서 복음을 전하게 하셨다 (행 8:26; 13:2; 16:7-9).

마지막 혜택은 예수 그리스도의 제자들에게 허락하신 기쁨이었다. 비록 육체적으로는 그들이 많은 고난을 받았고, 또 때로는 죽기까지 했지만, 그들이 누린 기쁨은 어느 누구도 이해할 수 없는 것이었다. 그것도 물론 그들의 스승이신 예수 그리스도가 물려 준 것이었다. 그분은 "그 앞에 있는 *기쁨*을 위하여 십자가를 참으사 부끄러움을 개의치 아니하시더니 하나님 보좌 우편에 앉으셨다" (히 12:2). 이런 기쁨은 주님이 함께 하시는 증거요, 죽음 너머에 있는 소망과 승리에 대한 확신이었다. 그리고 그분을 따르는 제자들만이 누릴 수 있는 그런 기쁨이었다.

나가면서

예수 그리스도의 제자들은 부모와 처자와 형제와 자매를 미워해야 한다. 그러나 실제로 그들을 미워해야 할 필요가 반드시 생긴다고 가정할 필요는 없다. 마찬가지로, 제자들은 자기도 부인해야 하고 십자가도 져야 한다. 그러나 그분의 제자라고 반드시 죽을 필요는 없다. 그럴 필요가 없는 것은 두말할 필요도 없이 제자들을 부르신 주님이 부어 주시는 은총이다. 그러나 필요할 경우 제자들은 부모와 처자와 형제와 자매를 미워해야 하며, 고난과 죽음도 각오해야 한다.

이런 조건이 너무 높아서 예수 그리스도의 제자가 되기를 거부하는 사람들도 있다. 그렇다면 그들은 어떤 삶을 영위하는가? 그들은 종종 어두운 세력의 제자가 되어 세상과 죄의 종노릇을 한다. 그들이 추구하던 행복은 사막의 신기루(蜃氣樓)처럼 손에 잡힐 듯 하면서 잡지 못하는 허무한 삶을 영위한다. 그뿐 아니다! 그들을 기다리고 있는 죽음 후의 영원도 결코 행복하지 못할 것이다. 차라리 십자가를 짊어지는 삶이 훨씬 더 나을 것이다.

예수님은 누가복음 9장 23절에서 "자기를 부인하고, 날마다 십자가를 지고, 나를 따를 것이니라"고 말씀하신 이유를 세 가지로 설명하셨다.[13] 첫째 이유는 자기의 *생명*을 보존하려다가 그것을 잃어버리기 때문이다 (9:24). 둘째 이유는 *세상*을 다 얻어도 자기의 영혼을 잃어버리기 때문이다 (9:25). 셋째 이유는 이 세상에서 주님과 그분의 *말씀*을 부끄러워하면 마지막 날에 주님도 그를 부끄러워할 것이기 때문이다 (9:26). 한 마디로 말해서, 이 짧은 인생을 위해서만 살지 말고 영원이라는 안목으로 인생의 과정을 선택하라는 말씀이다.

11

소유권의 포기

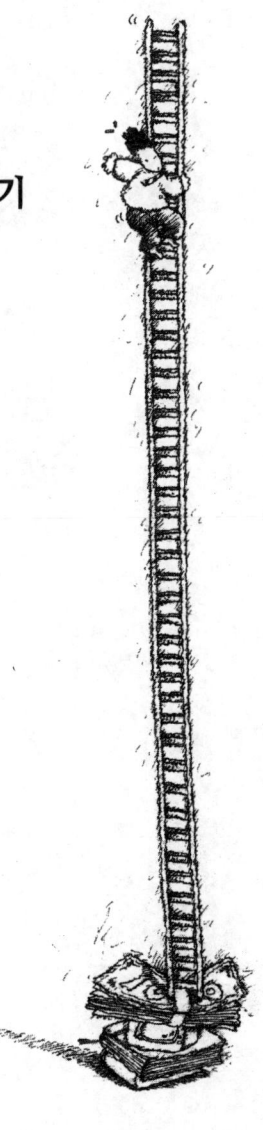

소유권의 포기

"너희 중의 누가 망대를 세우고자 할진대 자기의 가진 것이 준공하기까지에 족할는지 먼저 앉아 그 비용을 계산하지 아니하겠느냐? 그렇게 아니하여 그 기초만 쌓고 능히 이루지 못하면 보는 자가 다 비웃어 이르되, '이 사람이 공사를 시작하고 능히 이루지 못하였다' 하리라. 또 어떤 임금이 다른 임금과 싸우러 갈 때에 먼저 앉아 일만 명으로써 저 이만 명을 거느리고 오는 자를 대적할 수 있을까 헤아리지 아니하겠느냐? 만일 못할 터이면 그가 아직 멀리 있을 때에 사신을 보내어 화친을 청할지니라. 이와 같이 너희 중의 누구든지 자기의 모든 소유를 버리지 아니하면 능히 내 제자가 되지 못하리라."

누가복음 14:28-33

들어가면서

예수님은 이미 제자도의 기준을 두 가지로 설명하신 바 있었다. 첫째는 부모와 처자와 형제와 자매를 미워해야 하며, 둘째는 각자의 십자가를 짊어져야 한다. 물론 이 두 가지 기준은 평범한 그리스도인들은 물론, 헌신적인 그리스도인들에게도 결코 쉬운 것이 아니다. 그런데 예수님은 거기에서 머물지 않고 한 걸음 더 나아가서 세 번째의 기준을 제시하신다. 그 기준은 한 마디로 말하면 이렇다. "너희 중의 누구든지 자기의 모든 소유를 버리지 아니하면 능히 내 제자가 되지 못하리라" (눅 14:33).

세 번째의 기준도 어렵게 들리기는 마찬가지이다. 그럼에도 불구하고 그 기준은 예수 그리스도가 누가를 통하여 직접 말씀하신 것이다. 그러므로 그 말씀은 외면할 수도, 무시할 수도 없는 절대적인 기준이다. 그런 이유 때문에 그 의미를 정확하게 알고 실천하는 것은 말할 수 없이 중요하다. 그렇지 않다면 아무도 예수 그리스도의 제자가 될 수 없을 것이다. 그렇다면 그 의미는 무엇인가?

"모든 소유를 버리라"는 말씀은 문자 그대로 아무 것도 갖지 않는 무소유(無所有)를 의미하는가? 그 결과 예수 그리스도의 제자들은 거지가 되어야 된다는 말인가? 초대 교회에 속한 성도들은 "다 함께 있어 모든 물건을 서로 통용하고, 또 재산과 소유를 팔아 각 사람의 필요를 따라 나눠" 주었다 (행 2:44-45). 그뿐 아니라, "밭과 집 있는 자는 팔아 그 판 것의 값을 가져다가 사도들의 발 앞에 두매, 그들이 각 사람의 필요를 따라 나누어" 주었다 (행 4:34-35).

흥미롭게도, 누가복음과 사도행전을 기록한 누가는 "재산과 소유를 팔았다"고 언급한 후, "그들의 *집에서* 떡을 떼며 기쁨과 순전한 마음으로 음식을 먹었다"고 함으로 개인들이 집을 소유하고 있었다는 사실을 간접적으로 시인했다 (행 2:46). 그렇다면 "재산과 소유를 팔았다"는 말씀은 시시때때로 필요한 사람들이 생길 때 성도들이 자원해서 그들의 소유 가운데 일부를 팔아서 도움을 준 것이 틀림없다.[10)

또한 밭과 집을 판 돈을 사도들에게 바쳤다고 한 후에 베드로는 이렇게 말했다. "땅이 그대로 있을 때에는 네 땅이 아니며, 판 후에도 네 마음대로 할 수가 없더냐?" (행 5:4) 이것도 개인 소유를 인정하는 대목이다. 그 후 사도 요한도 개인 소유를 인정할 수 있는 단서를 주는 말씀을 한 적이 있다: "누가 이 세상의 재물을 가지고 형제의 궁핍함을 보고도 도와 줄 마음을 닫으면 하나님의 사랑이 어찌 그 속에 거하겠느냐?" (요일 3:17)

본문을 열면서

지금까지 살펴본 것처럼, 예수 그리스도의 수제자인 베드로와 그분으로부터 사랑을 흠뻑 받은 사도 요한도 개인의 소유권을 인정했다. 그렇다면 그들은 "모든 소유를 버리라"는 주님의 말씀을 거부했다는 말인가? 물론 그들은 주님의 말씀을 거부하지 않았다. 거부하기는커녕 문자 그대로 그 말씀에 따라 삶을 영위하면서, 사람들에게 복음을 전하며, 예수 그리스도의 제자로 일구어나가는 데 온 인생을 바쳤다.

그러면 "모든 소유를 버리라"는 어떤 의미를 함축하고 있는가? 본문에서 사용된 소유는 일차적으로 "세상의 재물" 내지 "재산"을 뜻한다.[11) 불행하게도 이런 재물과 재산은 예수님을 구세주로 따르는 사람들의 마음을 빼앗을 수 있다. 다시 말해서, 그들도 쉽게 그런 세상적인 것에 애착을 가질 수 있다. 그런 의미에서 볼 때, "모든 소유"는 물질적인 것만을 말하지 않는다. "모든 소유"는 그들의 마음을 앗아가는 모든 것을 함축할 수 있는데, 곧 욕망, 관심, 계획 등도 포함될 수 있다.[3]

예수님은 "자기의 모든 소유를 버리라"고 하시면서, 그렇게 하지 않은 사람은 당신의 제자가 될 수 없다고 말씀하신다. 그런데 "버리라"는 말씀의 의미를 보다 생생하게 그리기 위하여 예수님은 순례자의 모습을 연상케 하는 용어를 사용하셨다. "버리다"는 헬라어로 "작별하다"의 의미를 내포하며,[4] 다른 구절들에서도 "작별하다"로 번역되었다 (눅 9:61; 행 18:18, 21; 고후 2:13 참조).

그 이유는 간단하다! 누구든지 예수 그리스도의 제자가 되려면 긴 여행을 떠나는 것과 같기 때문이다. 그리고 일단 여행을 떠나면 그 여행을 중도에서 포기해서는 안 된다. 그는 도중에 여행이 어렵다거나 지루하다고 해서 중단할 수 없다. 그렇게 힘든 여정(旅程)의 길에 들어서기로 작정한 사람이 무거운 짐을 지고 떠날 수는 없다. 그것은 군대에 들어가려는 사람이 아무 짐도 없이 홀가분하게 떠나는 것과 같다. 그런 이유 때문에 주님은 제자로서 그를 따르고자 하는 사람들에게 "버리라," 곧 "작별하라"고 말씀하신다.

이렇게 볼 때, "자기 모든 소유를 버리지 아니하면 능히 내제자가 되지 못하리라"고 하신 주님의 말씀은 분명해진다. 단도직입적(單刀直入的)으로 말해서, 이 세상에서 가지고 있는 모든 재산과 욕망을 버리지 않으면 예수 그리스도의 제자로서 인생을 살 수 없다는 말씀이다. 이제 제자들의 가르침과 배치(排置)되는 것처럼 보이는 주님의 말씀을 살펴보기 위하여 다음을 차례로 살펴보자: (1) 진정한 소유자, (2) 오해된 소유자, (3) 인정된 소유자.

1. 진정한 소유자

예수 그리스도가 그를 따르기를 원하는 사람들에게 "모든 소유를 버려야" 제자가 될 수 있다는 요구를 하신 이유가 있다. 그분이 모든 소유의 "진정한 소유자" 때문이다. 비록 그들이 세상의 재물을 소유했기에 마음대로 사용하고 처분할 수 있는 권한이 있는 것 같으나, 그것은 "진정한 소유자"를 이해하지 못하는 데서 나온 생각이다. 두말할 필요도 없이 "진정한 소유자"는 하나님이시다. 그 이유는 간단하다! 하나님이 만물을 창조하셨을 뿐 아니라 (창 1:1; 요 1:3; 히 1:2) 또 모든 것을 붙들고 계시기 때문이다 (히 1:3).

창조주이신 하나님은 천지를 창조하시고 그것을 인간들에게 맡기셨다. 그런 이유 때문에 하나님은 그들에게 이렇게 말씀하셨다. "...생육하고 번성하여 땅에 충만하라. 땅을 정복하라, 바다의 물고기와 하늘의 새와 물고기와 움직이는 모든 생물을 다스리라..." (창 1:28). 비록 그들은 아무 것도 만들거나 창조하지 않았지만, 하나님은 인간들에게 모든 생물은 물론 모든 것을 다스릴 수 있는 특권을 주셨다. 그렇게 하심으로 하나님은 인간들

을 모든 피조물보다 우위(優位)에 두셨다.5)

그렇다고 해서 인간들이 한없이 높아질 수는 없다. 왜냐하면 그들도 역시 하나님이 창조하신 피조물이기 때문이다. 결국, 모든 인간도 역시 하나님의 소유이다. 그런데 하나님은 그의 모든 것을 인간들에게 맡기셨다. 당연히 그들에게 속한 모든 세상의 재물도 역시 하나님의 것이다. 그런 사실을 근거로, 그를 따르려는 제자들에게 예수 그리스도는 모든 소유를 요구할 수 있는 권한을 가지셨다.

그뿐 아니다! 예수 그리스도가 그를 따르려는 사람들에게 모든 소유를 버리라고 요구하실 수 있는 또 다른 근거가 있다. 그것은 예수 그리스도의 구속 사역 때문이다. 하나님의 피조물인 인간들이 창조주를 떠나려 했다. 독립과 자치(自治)를 누리면 행복할 줄로 착각한 인간들은 그들의 기대와는 달리 온갖 한계와 깊은 불행 속에서 헤매고 있었다. 그런 인간들이 다시 하나님에게로 돌아와서 기쁨과 행복을 누릴 수 있도록 예수 그리스도는 십자가 위에서 대속의 죽음을 마다하지 아니하셨다.

그 결과 예수 그리스도의 대속적 죽음을 통해 죄를 용서받고 하나님에게로 돌아온 사람들은 하나님과의 깨어졌던 관계를 회복했다. 그들은 세상과 육신의 종에서 해방되어 하나님의 자녀가 되었다. 바로 그것을 위하여 예수 그리스도는 십자가 위에서 피를 흘리시며 죽으셨던 것이다. 한 마디로, 예수 그리스도는 그의 피 값으로 하나님의 자녀들을 사신 것이다 (벧전 1:18-19). 바울 사도는 이것을 이렇게 요약했다. "너희 몸은...값으로 산 것이 되었으니..." (고전 6:19-20).

그렇다면 예수 그리스도를 믿고 그분의 제자가 되기를 원하는 사람들은 이중적인 의미에서 하나님의 소유이다. 첫째는 하나님의 피조물이기 때문이다. 비록 그들이 어마어마한 특권을 받았지만, 그것은 어디까지나 하나님의 피조물로서 그분의 영광을 위하여 사용하라고 주신 것이다.[6] 둘째는 예수 그리스도가 엄청난 값을 주고 사셨기 때문이다. 물론 그와 같은 구속(救贖)의 목적도 그들의 몸으로 하나님에게 영광을 돌리기 위해서이다 (고전 6:20).

2. 오해된 소유자

그러면 어떻게 그리스도인들은 하나님의 영광을 위해 살 수 있는가? 가장 좋은 방법은 바로 예수 그리스도의 제자가 되는 것이다. 그 이유는 무엇인가? 예수 그리스도를 따르는 제자는 적어도 다음과 같은 세 가지 면에서 변화되기 때문이다. 첫째는 예수님의 모습을 닮아가기 때문이다 (롬 8:29). 그분을 닮아가지 않는다면 엄격한 의미에서 그분의 제자라고 할 수 없다. 둘째는 예수님의 세계 복음화라는 목적을 전수받는다. 셋째는 그 세계 복음화의 방법을 전수받는다. 물론 그 방법은 다른 사람들을 예수 그리스도의 제자로 만들어서 그들로 하여금 전도자들을 훈련시키는 것이다.

그러나 많은 그리스도인들은 그런 영광스러운 삶을 거부하면서 살아간다. 그들은 모든 소유를 하나님의 것이라고 간주하지 않고 자신의 것으로 여기면서 사용한다. 그것은 두 가지 면에서 오해를 한 처사이며, 그런 이유 때문에 많은 그리스도인들은 예수 그리스도의 제자가 되지 못한다. 예수님의 분명한 말씀을 거부하거나 문자 그대로 받아들이지 않기 때문이다: "이와 같이 너희 중의 누구든지 자기의 모든 소유를 버리지 아니하면 능히 내 제자가 되지 못하리라."

첫 번째의 오해는 소유권의 문제를 혼동함으로 야기된 도둑질이다. 실제로 이스라엘 백성도 하나님의 것을 그들의 것으로 간주했기 때문에 결과적으로 도둑이 되어버린 경우가 있었다. 그것을 말라기 선지자는 이렇게 솔직하게 언급했다, "사람이 어찌 하나님의 것을 도둑질하겠느냐? 그러나 너희는 나의 것을 도둑질하고도 말하기를 '우리가 어떻게 주의 것을 도둑질하였나이까?' 하는도다. 이는 곧 십일조와 봉헌물이라. 너희 곧 온 나라가 나의 것을 도둑질하였으므로 너희가 저주를 받았느니라" (말 3: 8-9).

십일조와 봉헌물을 하나님에게 드리지 않았다는 것은 그들 자신과 그들의 모든 소유에 대한 하나님의 권한을 거부했다는 의미이다. 다시 말해서, 이스라엘 백성이 하나님에게 속한 소유물인 사실을 거부한 처사이다. 뿐만 아니라, 그들이 가지고 있는 모든 소유물도 하나님의 것임을 거부한 처사이다. 왜냐하면 그들과 그들의 모든 소유물이 하나님의 것이기 때문이다. 결국 이스라엘 백성은 하나님 앞에서 도둑이 되었던 것이다.

두 번째의 오해는 소유권을 인정하면서도 마음대로 사용한 횡령죄(橫領罪)이다. 횡령죄는 어떤 의미에서 도둑질보다 더 야비하고 악질적인 형태의 죄이다. 얼마 전에 어떤 은행 간부가

400억을 횡령하여 허랑방탕하게 사용하다가 붙잡혔다. 그 사람은 그 돈이 그의 것도 또 은행의 것도 아니라는 것을 잘 알고 있었다. 그는 은행에 고용된 고용인으로서 그 돈을 관리하는 청지기였다. 그러나 그는 그 은행에 맡겨진 엄청난 돈을 마치 자기 것처럼 빼내어 개인적으로 써버렸다.

마찬가지로, 하나님은 그리스도인들을 청지기로 부르셨다. 그리고 그 청지기에게 엄청난 것들을 맡기셨다. 재물도 맡기시고, 재능도 맡기시고, 건강도 맡기시고, 시간과 가정도 맡기셨다. 그러나 그들은 청지기의 신분을 잊고 하나님이 맡기신 것들을 그 자신만을 위해 사용한다. 그들은 그 모든 것들에 대한 하나님의 권한을 거부한 셈이다.[7] 그들은 하나님의 신뢰를 저버리기를 주저하지 않는다. 그렇다면 그들이 어떻게 예수 그리스도의 제자가 될 수 있단 말인가?

3. 인정된 소유자

그렇다면 누가 예수 그리스도의 제자인가? "자기의 모든 소유를 버리는 자"이다. 그 의미는 위에서 이미 말한 것처럼 문자 그대로 다 버리고 거지가 되라는 것이 아니다. 물론 어떤 특정한 때, 어떤 특정한 사람에게 그런 요구를 하실 때도 있다. 세상 재물이라는 무거운 짐을 훌훌 벗어버리고 주님의 일에 전념시키려는 배려의 요구이다.[8] 그리고 그분의 제자들은 주님으로부터 그런 요구를 받을지도 모르는 영광스러운 부르심에 호응할 만반의 준비를 하고 있어야 한다. 왜냐하면 세상과 어두움의 제자들이 되는 것보다 훨씬 더 영광스러울 뿐 아니라, 그 결과는 현세에서는 물론 내세에서도 비교할 수 없을 만큼 영광스럽기 때문이다.9)

그러나 주님은 대부분의 제자들에게 실제로 모든 것을 버리고 거지가 되라고 하지 않으신다. 그렇다면 주님이 요구하시는 의미는 무엇인가? 그것은 간단히 말해서 올바른 청지기가 되라는 의미이다. 청지기는 그 자신은 물론 그가 가지고 있는 모든 물질과 시간도 하나님의 소유라는 사실을 인정해야 한다. 다른 말로 하면, 그 모든 것들에 대한 하나님의 권리를 인정해야 한다. 그리고 그분의 영광을 위하여 그리고 하나님 나라의 확장을 위하여 주님이 인도하시는 대로 사용해야 한다.

예수님은 본문에서 이런 청지기의 직분을 두 가지 비유로 설명하신다. 첫째는 망대를 세우는 비유이고 (눅 14:28-30), 둘째는 전쟁의 비유이다 (눅 14:31-32). 망대를 세우는 비유는 개인적인 일이고, 전쟁은 공동체에 관한 일이다. 청지기는 개인적으로 끝까지 주인의 뜻에 따를 각오를 해야 한다. 동시에 청지기는 공동체의 복지를 위하여 귀한 역할을 담당한다는 사실을 염두에 두어야 한다.

망대를 세우는 비유는 적극적으로 건설하는 일이고, 전쟁을 하는 비유는 소극적으로 적군을 파멸시켜야 하는 일이다. 예수 그리스도의 제자인 청지기는 한편 망대를 세우는 것처럼 그리스도와 같이 세워져가야 하며, 동시에 그보다 두 배나 강한 적군을 이겨야 한다. 그렇게 이길 때 그에게는 영광스러운 승리가 기다린다. 그리고 한편 세우며 또 한편 이기기 위해서는 자신의 힘만으로는 불가능하다. 그는 자신의 한계를 인식하고 절대적으로 예수 그리스도를 의지하지 않으면 안 된다.[10]

망대를 세우다가 중간에 포기하면 그것은 경제적으로 손해를 가져올 뿐 아니라, 주변의 사람들에게 조소거리가 될 것이다. 완성되지 못해서 뼈대만 세워진 앙상한 망대는 언제나 조소거리의 대상이 될 것이다. 청지기인 예수 그리스도의 제자가 도중에 잘못되면 불신자들에게 조소거리가 될 뿐 아니라, 하나님에게 영광을 돌리지 못하게 된다. 영광은커녕 불신자들 가운데서 하나님의 이름이 땅에 떨어지게 될 것이다 (롬 2:24).

망대를 세우는 일이나 적군과 싸우는 일은 차분한 계산을 필요로 한다. 망대는 예산을 짜야 하며, 전쟁은 적군과 아군을 비교해야 한다. 망대를 세우는 일에 계산을 잘못하면 수치와 모욕만 남지만, 전쟁에 패하면 완전한 멸망이다. 청지기인 예수 그리스도의 제자가 도중에 잘못되면 인격의 파괴와 영적 멸망을 초래할 수도 있다.[11] 그런 이유 때문에 처음부터 심각하게 계산하고 그리고 청지기의 삶에 수반될 수 있는 어려움을 각오하고 예수 그리스도를 따라야 한다.[12] 그리할 때 진정으로 하나님을 소유자로 인정하는 청지기가 될 수 있다.

나가면서

예수님은 일찍이 "하나님과 재물을 겸하여 섬기지 못하리라"고 말씀하셨다 (마 6:24). 또 이렇게 말씀하셨다. "너희 소유를 팔아 구제하여 낡아지지 아니하는 배낭을 만들라. 곧 하늘에 둔

바 다함이 없는 보물이니, 거기는 도둑도 가까이 하는 일이 없고 좀도 먹는 일이 없느니라. 너희 보물 있는 곳에는 너희 마음도 있으리라" (눅 12:33-34). 그 후 같은 맥락에서 바울 사도는 이렇게 말한 적이 있다. "돈을 사랑함이 일만 악의 뿌리가 되나니, 이것을 탐내는 자들은 미혹을 받아 믿음에서 떠나 많은 근심으로써 자기를 찔렀도다" (딤전 6:10).

이런 가르침은 두말할 필요도 없이 모든 소유권이 주님에게 있다는 말씀이요, 따라서 주님의 제자들은 그분의 소유권을 인정해야 한다는 말씀이다. 그리고 그분의 제자들인 초대 교회의 성도들은 이런 가르침에 따라 살면서 필요한 사람들을 돕기 위하여 과감히 자신들의 것들을 내놓았다. 이런 제자들의 삶은 그들의 스승인 예수 그리스도의 삶을 본받은 것이기도 했다. 그분은 시시때때로 양식이 없었고 (눅 6:1; 요 6:9), 그래서 여자들의 섬김을 받으셨다 (눅 8:3). 그뿐 아니라, 그분은 머리 두실 곳도 없었다 (눅 9:58).

그러나 처음에는 당당하게 예수 그리스도의 제자로 출발했으나, 세월이 흐름에 따라 그리고 상황이 어려워짐에 따라 도중에 포기한 사람들도 있었다. 그들 가운데 한 사람이 바로 데마였다. 그는 바울의 동역자로 시작했다. "또한 나의 동역자 마가, 아리스다고, 데마, 누가가 문안하느니라" (몬 24). 그리고 그는 누가보다 앞선 동역자였다. 그러나 그 후 바울은 누가를 앞세웠을 뿐 아니라, 데마에게 동역자라는 표현을 하지 않았다. "사랑을 받는 의사 누가와 또 데마가 너희에게 문안하느니라" (골 4:14). 그러나 마침내 바울이 투옥되었을 때 데마는 그를 헌신짝처럼 버리고 세상으로 가버렸다. 바울의 말을 들어보자: "데마는 이 세상을 사랑하여 나를 버리고 데살로니가로 갔고..." (딤후 4:10).

도중하차하여 조소거리와 멸망에 이르지 않기 위하여 모든 그리스도인은 온전한 각오와 헌신으로 예수 그리스도의 제자가 되어야 한다. 부모와 처자와 형제와 자매와 같은 인간 관계에서도 하나님을 우선하고, 그 자신보다도 하나님을 우선으로 하고, 모든 재물과 재능의 소유권도 하나님의 것으로 인정하고, 그분을 따르는 예수 그리스도의 제자가 되어야 한다. 그분의 제자로서 하나님 나라의 확장을 위한 핵심 요원이 되어야 한다.

12

맛 잃은 소금

맛 잃은 소금

"소금이 좋은 것이나 소금도 만일 그 맛을 잃으면 무엇으로 짜게 하리요? 땅에도, 거름에도 쓸 데 없어 내버리느니라. 들을 귀가 있는 자는 들을지어다 하시니라."

누가복음 14:34-35

들어가면서

소금의 가치는 그 맛에 있다는 사실을 모르는 사람은 없다. 그러나 만일 소금이 맛을 잃으면 그 소금은 아무 짝에도 쓸모 없는 쓰레기에 불과하다. 그리고 그 쓰레기를 아까워하면서 보관하기를 원하는 사람은 없다. 마찬가지로, 예수 그리스도의 제자는 그 신분에 걸맞는 특성을 소유할 때만이 쓸모가 있다. 만일 그 특성을 잃어버리면 그는 더 이상 예수 그리스도의 제자가 아니다. 그는 아무 짝에도 쓸모 없는 쓰레기로 전락하며, 따라서 가차 없이 버림을 당하게 될 것이다.

그렇다면 제자의 특성은 무엇인가? 주님이 누가복음 14장 25-33절에서 묘사하신 바에 의하면 그 특성은 너무나 분명하다. 첫째는 하나님과의 관계가 어떤 인간 관계보다도 중요하다는 사실이다. 둘째는 예수 그리스도의 제자는 각자의 십자가를 짊어져야 한다. 셋째는 모든 소유물을 버려야 한다. 이런 세 가지 특성을 다음과 같이 요약적으로 묘사할 수 있을 것이다: 철저한 자기 희생과 주님에 대한 절대적인 충성.1)

그런데 소금이 어떻게 맛을 잃을 수 있는가? 누가복음이 기록될 당시에는 두 가지 이유 때문에 소금이 맛을 잃었다. 먼저는 빵을 굽는 사람들이 화덕의 열을 더하려고 흔히 사용하는 똥이라는 연료 위에 소금을 뿌렸다. 그 소금은 얼마 후 효능을 잃게 되고 그러면 자연히 버려졌다. 그 다음 사해에서 나는 소금은 석고(石膏)와 기타 불순물이 섞여 있었는데, 그 소금에 물기가 닿으면 소금기는 녹아져서 쓸모 없는 불순물만 남았다. 그러면 사람들은 그 쓰레기를 내다버렸다.2)

예수 그리스도는 제자들을 소금이라고 하시면서 같은 맥락에서 말씀하신 적이 있었다. "너희는 세상의 소금이니 소금이 만일 그 맛을 잃으면 무엇으로 짜게 하리요? 후에는 아무 쓸 데 없어 다만 밖에 버려져 사람에게 밟힐 뿐이니라" (마 5:13). 그러면 제자들은 어떻게 그 맛을 잃을 수 있는가? 소금인 제자들이 세상 사람들에게 성결의 영향을 끼치지 못하고, 신앙 공동체에 향기를 나누지 못하며, 부패를 방지하는 힘이 되지 못하면 맛을 잃는다.3)

본문을 열면서

예수님은 당신의 제자가 될 수 있는 자격을 논하면서 세 동사를 사용하셨는데, 곧 "미워하다" (눅 14:26), "십자가를 지다" (눅 14:27), "버리다" (눅 14:33)이다. 예수 그리스도의 제자가 되려는 결단을 하고 그분에게 오는 자는 무엇보다도 우선 순위의 설정을 하지 않으면 안 된다. 주님에 대한 사랑이 너무 지극하기에 사람에 대한 사랑은 마치 미워하는 것처럼 되는 자세가 필요하다. 혹자는 이런 관계를 이렇게 표현하기도 한다. "땅의 탯줄을 끊지 못하면 그리스도를 따를 수 없다."4)

그러나 그와 같은 우선 순위의 설정은 시작에 불과하다. 일단 예수 그리스도의 제자가 된 사람은 중단 없이 그분을 *따라야* 한다. 그것도 적당히 *따르거나* 아니면 손쉽게 *따르는* 것이 아니라, "자기를 부인하며, 자기 십자가를 짊어지면서" *따라야* 한다. 이렇게 주님을 따르는 예수 그리스도의 제자는 그의 사고와 언행에 끊임없이 자기를 비워야 한다. 그리고 그렇게 비울 때 그의 사고와 언행에 주님으로 가득하게 될 것이다.

마지막으로 예수 그리스도의 제자는 모든 소유물을 *버려야* 한다. 그는 더 이상 이 세상의 물질이나 재산에 얽매여 살아서도 안 되며, 또 그렇게 살 필요도 없다. 그의 삶과 사역에 필요한 모든 것을 그의 스승이신 주님이 채워 주실 것을 믿고, 알고, 경험하면서 살아가는 영광스러운 삶을 영위한다 (마 6:33; 빌 4:19 참조). 스승이신 주님에 대한 애착(attachment)은 소유물로부터의 단절(detachment)로 표현되며, 그리할 때 그는 진정으로 그분의 제자라고 불릴 수 있다.

이미 위에서 언급한 것처럼, 주님의 제자가 되기 위해서는 필연적으로 *미워해야* 할 대상이 있는데, 곧 부모와 처자와 형제와 자매이다. 그렇게 미워하면서 예수 그리스도의 제자가 된 사람들에게는 주님이 새로운 가족을 허락하시는데, 곧 신앙 공동체이다. 그들은 신앙 공동체 안에서 새로운 차원의 사랑을 경험할 뿐 아니라, "자기 십자가를 짊어지는" 비결과 "모든 소유물을 버리는" 방법을 터득하기 시작한다. 왜냐하면 신앙 공동체 안에는 그런 모습을 보여 주는 모델이 있을 뿐 아니라, 그들을 아끼고 돌보는 다른 제자들이 있기 때문이다.

1. "자기 십자가를 지라"— 개인의 삶

예수 그리스도의 제자가 되기를 원하는 사람은 "자기 십자가를 져야" 한다. 그런데 "자기 십자가를 지는" 것은 개인의 삶을 강조한다. 그 이유는 간단하다! 어느 누구도 "나의 십자가"를 대신 져 줄 수 없기 때문이다.5) "나"를 지극히 사랑하는 부모나 처자나 형제나 자매도 "나의 십자가"를 대신 져 줄 수 없다. 없을 뿐 아니라, 져서도 안 된다. 그것은 처음부터 끝까지 "나의 십자가"이며, 그러기에 "내"가 져야 한다.

그것은 예수님에게도 역시 마찬가지였다. 그분이 십자가를 지실 때도 어느 누구도 그 십자가를 대신 져 줄 수 없었다. 또 대신 져도 안 되는 것이었다. 물론 골고다로 가는 동안 잠시 동안 구레네 사람 시몬이 예수님의 십자가를 대신 져 준 것도 사실이었다 (눅 23:26). 그러나 그것은 어디까지나 일시적이었다. 시몬은 예수님이 세계 복음화라는 엄청난 사명을 감당하고 있는 도중 잠간 나온 단역(端役)일 뿐이다. 그리고 예수님이―시몬이 아니다―그 십자가의 절정인 죽음을 맛보셨다.

십자가를 진다는 것은 한 마디로 말해서 의지에 관한 문제이다. 각자가 자기 십자가를 의지적으로 선택해야 한다. 예수 그리스도의 제자가 되기로 결단한 그리스도인은 누구를 막론하고 의지적으로 각자의 십자가를 선택해야 한다. 십자가를 지는 것은 결코 강요될 수 없는 것이며, 각자가 인격적으로 선택해야 하는 것이다. 그리고 한 번만 선택하는 것이 아니라 이 세상에 사는 동안, 아니 예수 그리스도의 제자로 살아가는 동안 중단하지 않고 계속적으로 선택해야 한다. 끝까지 포기하지 않고 십자가를 지고 스승이신 주님을 따라야 한다.

시시때때로 십자가를 지고 간다는 것은 말할 수 없는 고통과 수치가 따를 수 있다. 자기를 부인하고 하나님의 뜻을 조건 없이 따르기 때문에 생길 수 있는 고통이다. 그 고통의 극치는 순교일 수도 있고, 영어(囹圄)의 몸이 될 수도 있다. 스데반이 복음을 전하다 순교를 당한 것처럼 (행 7:59-60), 그리고 복음 때문에 감옥에 들어간 바울처럼 말이다 (행 16:23-24). 그러나 십자가를 진다는 것은 그런 모든 고통과 수치를 억지로 받아들이는 것이 아니라, 앞으로 있을 기쁨을 생각하며 견디는 것이다. 그렇지 않다면 어떻게 기쁨 때문에 십자가를 참으신 예수 그리스도의 제자라 할 수 있겠는가? (히 12:2).

본훼퍼(Dietrich Bonhoeffer)는 예수 그리스도의 제자가 십자

가를 지는 고통을 감수해야 하는 당위성을 이렇게 말한 적이 있다:

십자가를 참는 것은 비극이 아니다: 그것은 예수 그리스도에게만 충성한 결과로 생긴 고난이다. 고난이 올 때, 그것은 우연이 아니라 필연이다. 그것은 이 썩어질 인생에서 오는 고난이 아니라, 특별히 그리스도인의 삶에서 없어서는 안 될 고난이다. 그것은 우리 자신의 확신이나 소명에 대한 거절 때문에 오는 고난이 아니라, 그리스도 때문에 오는 고난이다. 만일 우리 기독교가 제자도를 심각하게 여기지 않는다면, 만일 우리가 복음을 어떤 대가도 요구하지 않는 감정적인 흥분으로 전락시킨다면… 우리는 십자가를 일상 생활에 대한 재앙이요, 인생의 시련과 시험으로 여길 수밖에 없다.6)

만일 예수 그리스도의 제자라는 그리스도인이 십자가를 이처럼 시련으로 여기면서 피하기를 원한다면, 그는 이미 맛을 잃은 소금으로 타락한 것이다. 만일 그에게 분명하게 주어진 하나님의 뜻—비록 그것이 순교나 투옥이라 할지라도—을 기피한다면, 그도 역시 맛을 잃은 소금이다. 만일 그가 자신의 영광과 권력을 추구하기 시작한다면, 그는 이미 맛을 잃어가고 있는 소금이다. 예수 그리스도의 제자는 개인적인 삶에서 맛을 유지해야 한다.

2. "미워하라"— 신앙 공동체의 삶

누가복음에서 예수님은 제자도의 기준을 세 가지—"미워하다." "십자가를 지다." "소유물을 버리다"—로 제시하셨다. 그런데 "부모와 처자와 형제와 자매를 미워하다"를 신앙 공동체와 연루시켜 접근하는 이유는 무엇인가? 그 이유는 간단하다! 주님은 혈연 (血緣) 관계를 성경적으로 설정한 제자들에게 반드시 신앙 공동체를 허락하시기 때문이다. 그리고 그 신앙 공동체는 주님 안에서 영원히 결속된 가족이다.

그런 이유 때문에 주님은 혈연 관계보다는 영적 관계를 중시하셨다. 혈연 관계는 공간적으로 제한적이나, 영적 관계는 끝없이 넓다. 시간적으로도 혈연 관계는 일시적이나, 영적 관계는 영원하다. 뿐만 아니라, 혈연 관계도 참으로 중요하나, 그 관계는 세계를 복음화하며 하나님의 나라를 확장시키는 사역에 헌신한 예수 그리스도의 제자들에게는 방해가 될 수도 있다.

예수 그리스도를 가장 중요한 위치에 설정한 제자들의 교제권은 바로 신앙 공동체이다. 그들은 주님의 뜻 때문에 자기 추구와 자기 관심을 포기한 사람들이다. 그런 이유 때문에 신앙 공동체에는 언제나 예수 그리스도가 주인이시며, 그 안에 속한 사람들은 영원한 형제와 자매이다. 그리고 주님은 신앙 공동체에 속한 제자들에게 "서로 사랑하라"고 말씀하셨다. 그러므로 신앙 공동체에는 미움 대신에 사랑이 있다.

신앙 공동체에 속한 예수 그리스도의 제자들은 공통의 목적을 가지고 있는데, 그것은 세계 복음화이다. 그들은 공통의 방법도 가지고 있는데, 그것은 제자훈련을 통한 세계 복음화이다. 이런 목적과 방법은 그들의 스승이신 주님으로부터 온 것이다. 그뿐 아니다! 그들에게는 공통의 능력도 있는데, 그것은 그들을 하나로 묶을 뿐 아니라 그들을 통하여 역사하시는 성령이시다. 그래서 바울 사도는 이렇게 말했다. "평안의 매는 줄로 성령이 하나 되게 하신 것을 힘써 지키라" (엡 4:3).

신앙 공동체에 속한 예수 그리스도의 제자들은 형제와 자매이다. 그 말은 그들의 영적 아버지가 바로 하나님이시라는 의미이다. 그래서 이 공동체를 "하나님의 백성"이라고 일컫는다 (계 21:3). 그들이 형제와 자매일 뿐 아니라, 유기적(有機的)으로 묶여져서 서로를 돌보고 돕는 지체들이다. 이것을 바울은 "그리스도의 몸"이라고 표현한다 (고전 12:12). 그리고 두말할 필요도 없이 전혀 다른 배경을 가진 사람들 가운데 임재하시며 역사하시는 분은 성령이시다. 그래서 이 공동체는 "성령의 전"이라고 불린다 (고전 3:16).

혈연으로 묶여진 가족을 통하여 사랑을 나누면서 성장하는 것처럼, 예수 그리스도의 제자들은 신앙 공동체를 통하여 서로에게 소극적이든 적극적이든 영향을 미친다. 그러면서 그들은 예수 그리스도의 제자로 성숙해 가는 것이다. 그러므로 이런 신앙 공동체를 가볍게 보는 사람은 맛을 잃은 소금과 같다. 이런 신앙 공동체 안에서 그들의 스승이신 주님을 닮아가기를 거부하는 제자들이 있다면 그들도 역시 맛을 잃은 소금이다.

3. 소유의 포기 — 세상에서의 삶

위에서 이미 언급한 것처럼, 소유는 세상의 재물이나 재산이다. 그런 것은 예수 그리스도의 제자가 되기를 원하는 사람들을 세상적인 것에 묶어 놓는 속박의 줄이 될 수도 있다. 그렇게 되면 그는 세계 복음화와 하나님 나라의 확장을 위하여 자유롭게 활동할 수 없게 된다.[7] 그는 일찍이 세상에서 살다가 예수 그리스도를 통하여 새로운 피조물이 되었다 (고후 5:17). 그리고 그는 다시 세상의 복음화를 위해 세상으로 보냄을 받았다. 그는 과연 세상에서 살고 있으나 결코 세상에 속한 사람은 아니다 (요 15:19).

세상에 속하지 않은 사람은 자연히 세상의 재물이나 재산에 치념(置念)하지 않는다. 그렇지 않다면 그가 어떻게 세계 복음화에 전념할 수 있겠는가? 세상의 것에 치념하는 사람은 얼른 보기에 자유를 누리고 있는 것 같으나, 실상은 세상의 소유라는 덫에 걸려서 자유를 잃었다. 그리고 덫에 걸린 동물이 피를 흘리며 서서히 죽어가듯이, 그도 영적으로 서서히 죽어가고 있는 것이다.

그런 이유 때문에 소유의 포기는 세상에서의 삶을 가리킨다. 그리고 예수 그리스도의 제자는 세상에 있는 사람들의 구원을 위하여, 그리고 그 가운데 구원받은 사람들의 신앙 성장을 위하여 생애 전체를 바친 사람이다. 그렇다면 그가 세상의 재물이나 재산을 위하여 시간과 정력을 바칠 수 없다. 그의 모든 물질적 필요는 그를 제자로 불러 주신 주님이 책임지실 것을 믿으면서 본래의 사명에 몰입(沒入)해야 한다. 그리할 때 그는 진정한 자유를 누릴 수 있을 뿐 아니라, 주님도 그를 자유롭게 사용하실 수 있다.

물론 이런 자유를 만끽한 분은 역시 예수 그리스도였다. 그분은 천하만국에 속한 모든 권위와 영광을 간단하게 소유하실 수 있었는데도, 한 순간의 주저함도 없이 그런 엄청난 제시를 거절하셨다 (눅 4:5-8). 그 결과 그분은 인류의 구원을 위하여 전 생애를 바칠 수 있는 자유를 소유하셨다. 그리고 그분의 발자취를 철저하게 따른 제자 요한도 똑같은 자유와 헌신을 위하여 이렇게 충고하였다. "이 세상이나 세상에 있는 것들을 사랑하지 말라. 누구든지 세상을 사랑하면 아버지의 사랑이 그 안에 있지 아니하니, 이는 세상에 있는 모든 것이 육신의 정욕과 안목의 정욕과 이생의 자랑이니, 다 아버지께로부터 온 것이 아니요 세상으로부터 온 것이라" (요일 2:15-16).

이처럼 세상의 재산과 재물에 대하여 자유로운 예수 그리스도의 제자는 사명에만 충실하지 않는다. 그는 세상의 재물을 자유롭게 사용할 수 있는 능력을 갖게 된다. 그 결과 그는 주변의 필요한 사람들을 위하여 그 재물을 사용함으로 그들을 친구로 삼을 수 있다 (눅 16:9). 당연히 그렇게 사귄 친구들은 예수님을 그들의 구세주로 모실 뿐 아니라, 손쉽게 그분을 주님으로 따를 수 있게 된다. 그들에게 호의를 베푼 친구들의 본보기가 있기 때문이다.

예수 그리스도의 제자는 어떻게 소금의 맛을 잃을 수 있는가? 세상의 복음화를 위하여 세상으로 뛰어들었다가 세상의 재물이나 재산—그 외에도 모든 세상적인 것들—이란 덫에 빠지면 그는 소금의 맛을 잃는다. 재물의 덫에 걸리지는 않았지만, 이웃의 경제적인 필요에 눈을 감으면 그도 역시 맛을 잃은 소금이다. 강도를 만나 길가에 버려진 불쌍한 사람에게 아무런 긍휼도 베풀지 않고 눈감고 지나간 제사장과 레위인은 그들의 높은 종교적인 신분에 상관없이 맛을 잃은 소금이다 (눅 10:30-32).

나가면서

예수 그리스도는 제자들에게 엄중하게 경고하셨다. "...소금도 만일 그 맛을 잃으면...땅에도, 거름에도 쓸 데 없어 내버리느니라" (눅 14:34-35). 예수님은 마태를 통해서 "사람에게 밟힐 뿐이라"는 경고를 덧붙이셨다 (마 5:13). 이런 경고는 개인에게 주어지기도 하고, 공동체─교회, 사회, 민족, 국가─에게 주어지기도 하는 이중적 성격을 갖는다.[8] 개인적으로 이 경고가 적용된 사람은 가룟 유다이다. 그는 예수 그리스도의 제자로 시작했다가 은전 몇 푼에 현재의 인생은 물론 내세의 생명을 잃은 사람이 되었다 (마 27:3-5). 그는 진정으로 맛 잃은 소금이 된 것이다.

국가적으로, 이스라엘을 보라! 이스라엘은 죄 많고 부패한 세상의 구원을 위하여 선택된 소금이었다. 그러나 세월이 흘러가면서 그들은 사랑과 희생의 정신을 버리고, 허울 좋은 율법과 성전을 자랑했다. 그 결과는 어떠한가? 그들은 성전도 잃고 율법에 따라 제사도 드릴 수 없게 되었다. 무엇보다도 그들은 나라마저 잃고 이방인들의 종과 노리개로 전락했다. 그뿐 아니었다! 그들은 마침내 로마군에 의하여 나라가 멸망되어 2000년이란 세월을 비참하게 보냈다.[9] 그들은 예수님의 경고처럼 맛을 잃은 소금이 되어 세상 사람들에게 밟힐 대로 밟혔다.

교회적으로, 서구의 많은 교회들을 보라! 많은 교회는 한때

웅장한 건물과 엄청난 사람들을 자랑했다. 그러나 그 교회들은 예수 그리스도의 제자를 양산하거나 키우지 못하는 잘못을 범했다. 신앙 공동체로서의 맛을 잃은 교회들은 정치와 재물에 눈이 어두워져 버렸다. 그 결과 많은 교회들은 텅 빈 역사적 박물관으로 전락했든지, 아니면 "영화관이나 술집으로 개조되어, 찬송가와 기도 소리 대신 세속적인 춤과 노래와 술주정뱅이의 떠드는 소리로 가득 찬 환락의 장소로 변해 가고 있다."10)

예수 그리스도의 제자가 되기를 원하는 모든 그리스도인은 주님의 말씀과 경고를 무겁게 받아들여야 할 것이다: "들을 귀가 있는 자는 들을지어다" (눅 14:35). 이런 경고에 귀를 기울이지 않는 자들은 하나님에 의하여 귀하게 쓰임받을 기회를 잃는 비극을 경험할 것이다. 뿐만 아니라, 제자로서 예수 그리스도를 따르기를 포기하는 사람들이 받을 냉소(冷笑)는 그야말로 비극이라 아니할 수 없다. 그들에게 영향을 끼칠 수 있는 거룩한 제자들이 될 수 있었는데 말이다. 무엇보다도, 그들은 세상에 속한 사람들에게 짓밟히는 비극을 맛볼 것이다.

문을 닫으면서

"열한 제자가 갈릴리에 가서 예수께서 지시하신 산에 이르러, 예수를 뵈옵고 경배하나 아직도 의심하는 사람들이 있더라. 예수께서 나아와 말씀하여 이르시되, '하늘과 땅의 모든 권세를 내게 주셨으니, 그러므로 너희는 가서, 모든 민족을 제자로 삼아, 아버지와 아들과 성령의 이름으로 세례를 베풀고, 내가 너희에게 분부한 모든 것을 가르쳐 지키게 하라. 볼지어다, 내가 세상 끝날까지 너희와 항상 함께 있으리라' 하시니라."

마태복음 28:16-20

들어가면서

예수 그리스도의 제자는 *개인의 삶*이 변화되어야 한다. 그리고 변화의 매개는 언제나 주님의 말씀이다. 그런 이유 때문에 주님은 제자들에게 그분의 말씀에 거하라고 하셨다. 그들은 주님의 말씀을 사모해야 하며, 또 그 말씀에 조건 없이 순종해야 한다. 그렇지 않다면 그들이 어떻게 옛날의 악습들을 버릴 수 있겠는가? 그들이 악습들을 버리지 못한다면 어떻게 예수 그리스도의 제자라고 할 수 있겠는가? 그리고 이처럼 한편 말씀을 사모하

며 또 한편 과거의 습관을 청산하는 것도 자기 십자가이다.[1]

동시에 예수 그리스도의 제자는 *신앙 공동체의 삶*과도 불가분의 관계를 갖는다. 이 세상에서 가장 가까운 부모와 처자와 형제와 자매보다도 주님을 더 사랑하기 시작하는 제자들에게 주님은 새로운 신앙 공동체로 인도하신다. 그리고 그 신앙 공동체 안에서 그들은 교회를 일구는 산 돌들처럼 하나가 되는 경험을 하게 된다. 그들은 자연스럽게 서로를 위하여 기도하고 사역하면서 혈연의 가족에서 느끼고 맛보던 것보다 더 깊고도 영원한 사랑을 나누기 시작한다.

그러나 예수 그리스도의 제자는 개인의 삶과 신앙 공동체의 삶으로 만족하면 안 된다. 그들이 한때 빠졌다가 주님의 은혜로 탈출한 세상을 잊어서는 안 된다. 실제로 그들을 불러내어 제자로 훈련시킨 궁극적인 목적은 세계 복음화이다. 그러므로 그들은 변화된 모습과 변화된 목적을 가지고 세상으로 다시 돌아가야 한다. 그리고 예수 그리스도를 모르는 사람들 가운데서 전도의 열매를 맺어야 한다. 그러나 언제나 세상이 손짓하는 세상적인 유혹과 덫에 걸리지 않도록 하면서 말이다. 이것은 바로 *세상에서의 삶*이다.

이처럼 예수 그리스도의 제자가 삼중적인 삶을 영위해야 하는 사실을 간접적으로 시사하는 주님의 말씀이 또 있다. 그것은 바로 마태복음에 제시된 지상명령이다. 이 명령은 한 마디로 말한다면 "모든 족속을 제자로 삼아라"이다. 그 이유는 간단하다! 예수 그리스도는 처음부터 세상에 복음을 전파하기 위하여 제자훈련이라는 방법을 채택하셨다. 그 이유 때문에 그분은 공생애를 시작하자 바로 제자들을 선택하기 시작하셨다 (마 4:18-22). 주님은 3년간 제자들을 훈련하신 후 그들에게 같은 방법을 사용할 것을 부탁하셨다. 왜냐하면 이 방법이 세계 복음화에 가장 효율적인 것이기 때문이었다.

본문을 열면서

이 지상명령이 갈릴리에서 주어진 것은 중요하다. 왜냐하면 예수님의 공생애가 갈릴리에서 시작되었기 때문이다. 예수님은 마귀에게서 시험을 받으신 후, 이방의 빛으로 갈릴리에서 복음 전파와 제자 선택의 사역을 시작하셨다. 그 때 그분의 모습을 마태는 이렇게 묘사했다. "....이방의 갈릴리여, 흑암에 앉은 백성이 큰 빛을 보았고, 사망의 땅과 그늘에 앉은 자들에게 빛이 비취었도다..." (마 4:15-16). 이 말씀은 예수님의 사역이 이스라엘에게 국한되지 않을 것이라는 의미를 함축하고 있다.

제자들은 주님의 명령과 무덤에 나타난 천사의 지시에 따라 갈릴리에 모였고 (마 28:7, 10; 26:32 참조), 그리고 거기에서 그들은 주님으로부터 중차대(重且大)한 명령을 받았다. 그들이 처음 제자로서 부름을 받았던 그 곳에서 말이다.[2] 예수님은 공생애의 서두에 제자들을 부르신 바로 그 곳에서 하늘나라로 돌아가기 직전에 다시 그들을 만나셨다. 그리고 마지막으로 부탁하신 것이 바로 "제자를 삼아라"는 명령이었다. 예수님이 가르치고 보여주신 대로 다른 사람들을 제자로 삼으라는 부탁이었다. 예수님의 목적은 처음부터 끝까지 한결 같았다: 그것은 제자훈련을 통한 세계 복음화였다.

그런데 갈릴리에 모여서 주님을 기다리던 제자들의 모습은 어떠했는가? 그들은 그처럼 중요한 지상명령을 받을 준비가 되어 있었는가? 그들은 마음을 가다듬기 위하여 기도회라도 가졌는가? 물론 아니다! 그들의 모습을 마태는 이렇게 그렸다: "열한 제자가...예수를 뵈옵고 경배하나 아직도 의심하는 사람들이 있더라." 그들이 여전히 의심하고 있는 모습도 놀랍지만, 그 못지 않게 놀라운 사실은 주님이 바로 그런 모습의 제자들에게 지상명령을 주셨다는 것이다. 그들의 영적 상태와 상관없이 그들 모두에게 그 엄청난 명령을 맡기셨다.

제자들의 영적 상태를 초월할 수 있는 주님의 권세 때문이었을까? 그 권세로 제자들의 한계와 의심을 극복시킬 수 있어서였을까? 아니면, 주님은 그들의 현재 상태 너머에 있는 그들의 잠재력과 가능성을 꿰뚫어 보셨기 때문일까? 그렇다면 주님은 그분의 초월적인 권세를 사용하셨음에 틀림없다. 아니면 의심하면서도 주님을 버리지 않고 갈릴리까지 좇아온 그들의 충성심을 높이 사셨을까? 아니면, 주님은 제자들이 그 지상명령을 준수하다가 순교까지 하면서 감당할 것을 미리 아셨기 때문이었을까?

1. 제자를 삼아라[3]

주님이 갈릴리에서 제자들에게 주신 지상명령은 권위, 명령 및 약속 등 세 가지로 구분할 수 있는데,[4] 먼저 권위에 대하여 살펴보자. "하늘과 땅의 모든 권세"가 주님에게 주어졌는데, 그 것은 주님에게 새롭게 부여(賦與)된 권위이며, 아울러 그 권위는 이 지상명령의 기초(基礎)가 된다. "하늘과 땅"은 우주적 영역을 가리키므로, 주님의 권위는 유대인에게만 해당되는 제한적 권위가 아니라, 모든 이방인들을 포괄하는 우주적 권위이다. "모든 언어와 문화, 민족과 피부색, 인종과 지위라는 장벽을 뛰어넘는 권위이며,"[5] 또한 모든 영적 세력을 통제하는 권위이다. 한 마디로 말해서, 이런 권세를 가진 분은 모든 피조물을 주관하는 주님이시다.

그러므로 주님이 "모든 민족을 제자로 삼아라"고 하신 명령은 우주적 사역을 의미한다. 그리고 이 우주적 사역은 주님의 우주적 권세에서 나오는 것이다. 다시 말해서, 제자훈련을 통한 복음전파는 예수님의 주되심(Lordship)을 전파하는 것이다.[6] 이런 전파는 이방인들에게 너무나 큰 도전이 될 수 있다. 그들도 나름대로 섬기는 그들의 주님이 있기 때문이다. 따라서 이런 전파는 필연적으로 갈등과 핍박을 동반할 수 있는 매우 위험한 일일 수 있다.

그런 이유 때문에 "모든 민족을 제자로 삼아라"는 명령은 "그러므로"라는 연결어로 시작된다. 땅에 있는 모든 권세가 주님에게 속해 있기에 제자들은 감히 세계를 다니면서 각 민족을 제자로 삼을 수 있다는 것이다. 하늘에 있는 모든 권세가 그분에게 있기에 제자들은 사단의 세력을 이기고 승리할 수 있다는 확신을 갖게 된다.[7] 뿐만 아니라, 모든 권세가 주님에게 있기에 제자들은 자신의 감정을 극복하고 인격적으로 그분의 명령을 준

수할 수 있는 것이다.

"제자를 삼아라"는 명령이 이 지상명령의 핵심이라고 보는 데는 분명한 이유가 있다. 다른 명령형 동사(動詞)들이 헬라어 원문에 의하면 모두 분사형(分詞型)인데 반하여, "제자를 삼아라"만 유일하게 본동사(本動詞)이다. 우리는 이러한 언어적인 구조에서 전달하고자 하는 의미를 분명히 알 수 있다. 다른 세 명령형 분사는 "모든 민족을 제자로 삼는" 방편이라는 사실이다. 예수 그리스도의 제자들의 궁극적 목표는 모든 사람을 제자로 만들어야 하며, 그 제자화의 방법이 바로 세 분사형 동사, 곧 "가라," "세례를 주라," "가르치라"이다. 이 동사들이 갖는 의미에 대하여는 나중에 상술(詳述)하기로 하자.

예수님은 제자들이 당신의 삶을 모방해서 그 모방된 삶을 다른 사람들에게 재생산(再生産)시키려는 목적을 가지고 제자들을 훈련시키셨다.[8] 그렇다면 왜 이러한 제자훈련이 세계 복음화의 방법이 될까? 이 질문에 대한 응답으로 세계적인 전도자, 레이튼 포드(Leighton Ford)의 말을 인용하는 것도 가치가 있으리라.

나의 아내에게는 두 형제가 있는데, 하나는 세계적인 전도자 빌리 그래함(Billy Graham)이고, 하나는 농부인 멜빈 그래함(Melvin Graham)이다....가령 빌리가 앞으로 32년간, 1년에 다섯 차례의 중요한 전도 집회에서 설교하여, 매번 평균 만 명이 회심한다고 하자. 그 기간 동안 백오십만여 명이 그리스도 앞으로 돌아오게 될 것이다! 그러나 내년 일 년 동안 멜빈은 한 사람을 예수 그리스도에게로 인도하여 그 기간 동안 그 사람이 성장하도록 도왔다고 하자. 그리고 그 다음 해에는 멜빈과 그 사람이 같은 일을 반복하여, 그 다음 해에는 네 명이 되고, 또 그 사람들이 매년 갑절씩 증가한다면, 32년 안에 사십 억 이상의 사람들이 될 것이다.9)

물론 위의 수치(數値)대로만 되는 것은 아니지만, 그래도 주님이 세계 복음화를 위한 가장 완전하고 가장 효과적인 방법을 마태복음에서 제시하신 것을 알 수 있다. 이것이야말로 신앙과 삶의 전수를 통한 세계 복음화의 방법인 것이다. 결국 주님이 요구하신 방법은 자신의 삶이었으며, 또한 그 삶을 물려받은 제자들의 삶이었던 것이다. 그렇다면 주님은 이 삶의 전수가 어떤 방법으로 이루어져야 된다고 하셨는가? 그 방법은 이미 언급한 대로 바로 지상명령에 담겨진 세 가지 명령형 분사인 "가라," "세례를 주라," "가르치라"이다. 이런 관계를 다음의 그림으로 예시할 수 있을 것이다.

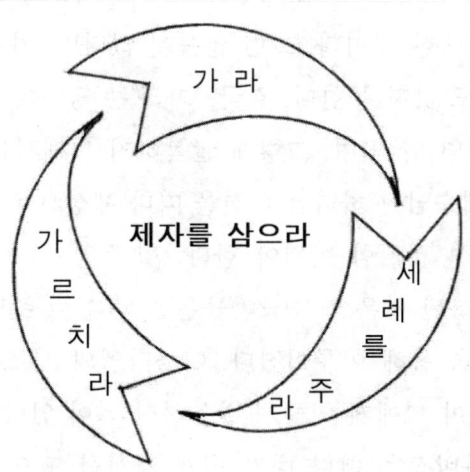

1) 가라

이 단어에는 여러 가지 뜻이 있으나, 가장 기본적인 의미는 "간다", "여행한다", "출발한다"로, 한 장소에서 다른 장소로 옮겨가는 것을 뜻한다.[10] 특히 주님이 "가라"고 명령하시는 것은 "모든 족속"을 제자로 삼으라는 목적 때문이다. 그 목적을 이루기 위해서 제자들은 민족적 종교와 문화의 모든 자부심을 초월하여 이스라엘이라는 국경선을 의도적으로 넘어가야 한다.[11] 이러한 의미에서 마태가 사용한 "가라"는 단어는 선교를 위한 전문적인 용어가 될 수 있다. 실제로 부활하신 주님이 우주적 제자화라는 사명을 갖고 세상에 있는 "모든 족속"을 향하여 "가라"고 하신 명령은 지역을 초월한 선교의 명령임에 틀림없다.

그러면 어떻게 가야 하는가? 그것은 다음과 같이 두 가지로 설명할 수 있을 것이다. 첫째, "가기" 위해서는 가고자 하는 마음, 곧 굴복이 있어야 한다. 이런 굴복은 종적(縱的)으로 위로 주님의 명령에 대한 것이다. 그런 굴복이 없다면 "가라"는 명령은 아무런 의미도 갖지 못한다. 결국, "가라"는 당연히 굴복을 전제로 하지 않으면 안 되며, 그렇게 굴복하기 위해서는 자신을 비워야 한다. 예수님이 하나님의 곁을 떠나 세상으로 오기 위해서 자신을 비우신 것처럼 비워야 한다 (빌 2:7).

성경에 기록된 많은 역사(役事)들은 이와 같이 주님의 뜻에 굴복한 사람들을 통해 이루어졌다. 이스라엘의 시조 아브라함을 보자. 하나님이 그에게 이렇게 말씀하신 적이 있다: "너는 너의 본토 친척 아비집을 떠나 내가 네게 지시할 땅으로 *가라*" (창

12:1). 여기에서 "가라"는 명령은 무조건적인 굴복을 요구한다. 물론 아브라함이 그 명령을 거부하고 그의 본토에서 평안히 거주할 수도 있었다. 그러나 그는 굴복했고, 그 결과 순례의 길에 들어섰다. 이처럼 종적 굴복의 결과는 너무나 놀라운 것이었는데, 곧 그는 믿음의 조상이 되는 영광을 가졌다.

하나님은 "가라"는 명령을 요나에게도 주신 적이 있었다. "너는 일어나 저 큰 성읍 니느웨로 *가서...외치라...*" (욘 1:2). 요나가 하나님에게 굴복하지 않고 다른 곳으로 갔을 때, 그 자신의 운명은 물론 니느웨의 많은 사람들의 운명이 위태로웠다. 우여곡절을 거치면서 마침내 요나가 다시 그 명령에 종적으로 굴복하자, 그 자신도 소생하고 니느웨의 많은 사람들도 소생하는 은혜의 역사가 있었다. 마찬가지로, 예수님이 제자들에게 "가라"고 하신 것은 그들 자신은 물론 많은 사람들의 운명을 바꾸기 위하여 굴복해야 된다는 것을 의미한다.

그러나 산 넘고 물 건너 다른 지역으로 간다고 해서 저절로 제자를 만드는 사역이 이루어지는 것은 아니다. 언어와 문화가 전혀 다른 민족에게는 더욱 어려운 일이다. 그런 까닭에 "가라"는 명령이 지니고 있는 두 번째 횡적(橫的)으로 사용된 의미도 함께 살펴보아야 한다. "가라"는 동사는 "장소를 옮긴다"는 뜻에서 파생되어 도덕적 의미인 "행하다"를 뜻할 때도 있다. 예를 들면, 누가는 그 동사를 다음과 같이 "행하다"의 의미로 사용한다. "이 두 사람이 하나님 앞에 의인이니 주의 모든 계명과 규례대로 흠이 없이 '행하더라'" (눅 1:6; 벧전 4:3; 벧후 2:10, 3:3; 유 16, 18 참조).

여기에서 "행하다"의 의미는 삶에서 일어나는 모든 행위를 말한다. 다시 말해서 "행하다"는 동사는 삶 자체를 가리킨다. 이런 뜻을 염두에 두고 주님의 지상명령을 재고해 보면, "가라"는 명령은 그리스도인의 삶의 현장을 포괄(包括)한다. 그가 어디에서 무엇을 하든지 바로 그 곳이 "제자를 삼는" 처소가 되는 것이다. 횡적으로 삶의 현장에서 삶을 보여 줄 수 없다면 그는 더 이상 훈련자는 아니다.

그 실례를 예수님의 공생애(公生涯)에서 쉽게 찾을 수 있다. 그분은 삶의 현장 속에서 소수의 제자들과 함께 생활하면서 당신의 삶을 나누셨다. 그러므로 그분의 삶 자체가 바로 교과서요 방법이었다.12) 제자들은 그분의 삶 속에서 서서히 그분을 닮아갔고, 그리고 다시 그들의 삶 속에서 "모든 민족"을 제자로 삼으라는 명령을 받게 되었다. 다시 말하면, 그들이 있는 곳에서 그들의 삶을 나누어야 한다는 것이다. 먼저는 그들이 있는 그들의 "예루살렘"에서, 그 후에는 주님이 인도하시는 "모든 민족"이 존재하는 "땅 끝"에서이다.

2) 세례를 주라

세례는 불신자가 주님에게로 돌아온 후 첫 순종의 표시로 행해지는 예식이다. 이러한 세례의 의미를 잘 설명해 주는 구약의 모형 (模型) 셋이 있다. 그것은 홍수 (창 6-9장), 홍해의 갈라짐 (출 14장), 할례 (창 17장)이다. 이 모형들은 신약에서 각각 해석된 바, 주님의 죽음과 부활을 통하여 심판에서 은혜로, 속박에서 자유로, 그리고 실패에서 언약 관계로 옮겨지는 경험을 강조한다 (벧전 3:19-21; 고전 10:1-2; 골 2:11-12). 여기에서 주님의 "죽음과 부활을 통하여"는 불신자가 그분에 대한 믿음을 통하여 주님과 하나가 되는 연합(identification)을 말한다. 뿐만 아니라, 세례 예식을 통하여 교회의 회원이 되는, 다시 말해서 교회와 하나가 되는 것을 말한다. 그러므로 세례는 근본적으로 연합이다.13)

세례는 성령세례와 물세례가 있는데, 먼저, 성령세례에 대하여 알아보자. 고린도전서 12장 13절은 성령세례에 대하여 알려주는 중요한 구절이다. "우리가 유대인이나 헬라인이나 종이나 자유자나 다 한 성령으로 세례를 받아 한 몸이 되었고 또 다 한 성령을 마시게 하셨느니라."14) 이 구절에서 첫 번째의 강조점은 성령세례를 받은 사람들이란 모든 믿는 자들을 가리킨다. 두 번째의 강조점은 성령세례를 받은 결과로 그리스도의 몸 안으로 들어갔다는 사실이다.

여러 종족과 문화적 배경이 다른 각종의 사람들로 구성된 몸은 물론 우주적 교회이다. 그러므로 성령세례는 복음전파의 결과로 회심된 사람들이 성령의 내주(內住)를 통하여 우주적 교회의 일원이 된 사실을 가리킨다. 여기에서 성령세례를 통하여 우주적 교회, 곧 그리스도의 몸에 속한다는 사실은 종적 관계를 강조하는 표현이다. 제자를 삼는 사역에 헌신한 그리스도인들은 무엇보다도 그들로부터 훈련받을 사람들이 구세주이신 그리스도에게 귀속(歸屬)했다는 사실을 분명히 하지 않으면 안 된다.

이처럼 성령의 역사로 거듭나서 우주적 교회, 곧 그리스도의 몸의 지체가 된 그리스도인은 반드시 지역 교회의 일원이 되어야 한다. 그리고 그 교회에 속한 사람들과 횡적인 관계를 맺으면서 성장해야 한다. 그리고 지역 교회의 회원이 방법은 바로 물세례이다. 성령세례를 통하여 그리스도와 연합되었다면, 물세례를 통하여 지역 교회와 연합되어 그 교회의 중요한 회원이 되는 것이다.

그러면 주님이 제자화의 한 방법으로 "세례를 주라"고 하신 뜻이 분명해진다. 먼저 불신자들에게 복음을 전하여 회개와 믿음을 통한 중생을 경험하게 해야 한다.[15] 복음의 전달자가 되지 않고서는 주님의 제자가 될 수 없다는 말씀이다. 그 다음 거듭난 신자를 교회로 인도하여, 그 교회를 중심으로 양육 받고, 사랑의 교제를 나누며, 잃어버린 영혼들에 대한 전도를 익혀야 한다는 것이다.

3) 가르치라

세례를 통하여 새 신자가 지역 교회의 회원이 되면, 그는 그 교회를 통하여 신앙적으로나 인격적으로 성장해서 성숙한 그리스도인이 되어야 한다. 그러면 그는 온전한 주님의 제자가 되어 위로 하나님의 영광을 드러내며 아래로 다른 사람들에게 좋은 영향을 미치게 된다. 그런데 그러한 성장 과정에서 빼놓을 수 없는 것이 바로 교육이다. 그런 이유 때문에 주님은 지상명령 안에 "내가 너희에게 분부한 모든 것을 가르쳐 지키게 하라"는 말씀을 포함시키셨다.

삼 년이나 주님을 따르면서 삶을 수반(隨件)하는 주님의 말씀을 보고, 배우고, 모방한 제자들에게 주님은 같은 사역을 하라고 분부하셨다. 그들도 그들의 영향권에 들어온 제자들에게 삶을 보여 주면서 주님의 분부를 가르치고 나누어 주지 않으면 안 되었다. 그들의 삶을 통해서 주님의 모습을 닮아가는 제자들을 재생산(再生産)하기 위해서이다. 그러므로 "가르치라"는 명령은 말씀에 지배된 삶을 전수하라는 의미도 포함된다.

가르침의 내용은 주님이 분부하신 모든 것이다.[16] 이처럼 주님의 분부를 훈련자가 훈련을 받는 사람에게 가르치는 목적은 크게 두 가지이다. 첫째는 종적으로 주님을 닮기 위한 것이다. 그는 주님의 분부를 배우면서 주님의 마음을 조금씩 알아간다. 그러면서 그는 점진적으로 세상적인 사고와 언행을 버리게 되며, 동시에 그만큼 주님을 닮아간다. 비록 그는 세상에 살고 있지만, 더 이상에 세상에 속하지 않은 성별된 그리스도인으로 성화(聖化)되어 간다.

둘째 목적은 횡적으로 다른 사람들에게 나누어 주기 위한 것이다. 주님의 분부를 배운 예수 그리스도의 제자는 그것을 결코 혼자만 소유하고 있으면 안 된다. 이 사실은 성화의 의미를 살펴볼 때도 분명하다. 성화는 세상으로부터 분리되어 주님에게 귀속(歸屬)되는 것이다. 그러나 성화는 거기에서 끝나지 않는다. 그렇게 주님에게 귀속된 예수 그리스도의 제자는 다시 주님으로부터 보내심을 받아 세상으로 돌아가야 한다.

성화는 위로 하나님의 영광을 드러내기 위함이지만, 동시에 아래로 다른 사람들에게 그런 삶을 보여 주어야 하기 때문이다. 그런 까닭에 그는 다시 세상으로 돌아가야 한다. 세상에서 구세주를 알지 못하는 사람들에게 그가 배운 것을 나누어 주어야 한다. 물론 그 배움의 열매인 거룩한 삶을 증거로 보여 주면서 나누어야 한다. 그러므로 가르침은 언제나 횡적 사역을 궁극적인 목적으로 삼는다.

2. 약속

인간적으로 볼 때 "모든 민족을 제자로 삼는다"는 것은 불가능한 일이다. 그런 까닭에 주님은 명령을 주시기에 앞서 그 명령을 내리시는 분이 누구인가를 "권세"를 통하여 선포하셨다. 그리고 명령―그 내용과 방법―을 주신 후 두 가지 약속을 하셨다. 첫째 약속은 시간에 관한 것이다. "세상 끝날까지" 함께 하시겠다는 약속은 복음이 온 세상에 골고루 전해지는 동안, 다시 말해서 복음의 시대가 끝나는 날까지 주님이 함께 하시겠다는 약속이었다 (마 24:14; 롬 11:25 참조). 주님이 "왕 중의 왕이요 주 중의 주"로 다시 오실 때까지, 그리스도의 제자들은 "모든 민족을 제자로 삼는" 삶에 신실해야 한다. 그리고 주님은 그런 신실한 제자들과 함께 하시겠다고 약속하셨다.

둘째 약속은 "너희와 항상 함께 있으리라"로, 그리스도인이 이 중요하고도 벅찬 사역에 몰입(沒入)하고 있을 때 주님이 친히 임재하시겠다는 것이다. 그의 임재는 구약성경의 *쉐키나*(shekinah)의 개념에서 유래(由來)된 것으로, 모세, 여호수아, 기드온과 같은 사람들이 위험하나 중요한 사역을 담당할 수 있도록 야웨 하나님이 그들 가운데 임재하여, 힘을 주고, 격려하시는 것을 의미한다.[17] 그런 사역들에 못지않게 어렵고 위험한 우주적 제자화를 제자들이 수행할 때, 함께 하면서 그들에게 필요한 능력과 방법과 격려와 인도를 아끼지 않겠다는 부활하신 주님의 약속이다.

그런데 "내가 세상 끝날까지 너희와 항상 함께 있으리라"는 약속을 하신 분은 두말할 필요도 없이 지상명령을 주신 주님이셨다. 약속대로 주님은 부활하신 제자들과 함께 계셨으나, "항상" 함께 하신 것이 아니라, 간헐적(間歇的)으로 함께 하셨다. 그리고 "세상 끝날까지"가 아니라 겨우 40일이었으며, 그 후 주님은 승천하셔서 더 이상 그들과 함께 있지 않으셨다. 그렇다면 주님의 약속은 어찌되었는가? 주님은 이런 딜레마를 요한복음에서 보충적으로 설명하셨다: "내가 아버지께 구하겠으니, 그가 또 다른 보혜사를 너희에게 주사 영원토록 너희와 함께 있게 하리니....너희는 그를 아나니, 그는 너희와 함께 거하심이요 또 너희 속에 계시겠음이라" (요 14:16-17).

주님의 약속은 "다른 보혜사," 곧 성령이 그들에게 강림하심으로 이루어졌다. 결국 제자훈련을 통한 세계 복음화는 주님의 명령에 굴복한 제자들에게 임한 성령의 몫이었다. 예수님이 십자가에서 고난을 받으실 때 그분을 버린 제자들이 그들의 결심만으로 어떻게 그런 엄청난 사역을 감당할 수 있었겠는가? (마 26:56) 하녀 앞에서도 신앙을 부인한 베드로와 그 무리들이 어떻게 로마 제국을 향하여 복음을 선포할 수 있었겠는가? (마 26:69-74) 유대인들을 두려워하여 문들을 꼭꼭 걸어 닫고 숨어 있던 그들이 어떻게 유대인들에게 당당히 나아갈 수 있었겠는가?

(요 20:19) 부활하신 주님을 만나 뵌 후에도 다시 물고기를 잡으러 간 그들이 어떻게 "모든 민족"을 제자로 삼을 수 있었겠는가? (요 21:1-3)

주님은 제자들이 이처럼 무기력한 존재들일뿐 아니라, 그들의 지혜와 방법만으로는 "모든 민족"을 제자로 삼을 수 없다는 것을 너무나 잘 아셨다. 그런 까닭에 주님은 성령의 임재와 능력을 약속하셨던 것이다. 그리고 약속대로 성령이 그들에게 강림했을 때, 그들은 완전히 변화되었다 (행 2:1-4). 그들이 이처럼 성령으로 충만함을 받자, 그들은 "담대하게 말씀을 전하게 되었다" (행 4:13; 5:29; 7:51; 9:27). 그들이 전하는 말씀과 더불어 많은 기적도 일어났으며, 무엇보다도 많은 회심자가 생겼다. 그리고 그 회심자들이 제자로 변화되면서 복음은 그들을 통하여 예루살렘에서 유대로, 유대에서 사마리아로, 그리고 사마리아에서 세상 끝으로 전해졌다. 주님은 제자들에게 하신 약속을 그대로 이행하셨고, 따라서 그 제자들을 통하여 "모든 민족"에게 복음을 전할 수 있도록 능력을 주셨다.

나가면서

예수 그리스도의 제자는 필연적으로 *개인의 삶, 신앙 공동체의 삶* 및 *세상에서의 삶*과 모두 연루되어 있다. 그 어느 하나라도 소홀히 되면 그는 더 이상 온전한 제자가 아니다. 경건과 희생을 두루 갖추므로 뛰어난 *개인의 삶*을 유지한다 해도, *신앙 공동체의 삶*을 소홀히 하는 제자는 "서로 사랑하라"는 주님의 말쏨의 의미를 깨닫지 못한다. *신앙 공동체의 삶*이 너무나 좋은 나머지, 그를 기다리고 있는 세상으로 나가지 않는다면 그는 결코 예수님이 지신 십자가의 의미를 경험하지 못한다. 왜냐하면 *세상에서의 삶*이 예수 그리스도의 제자에게는 궁극적인 목표를 이루는 방편이기 때문이다.

예수님이 마태를 통해 주신 "제자를 삼아라"는 명령의 방편인 "가라," "세례를 주라" 및 "가르치라"는 어떤 의미에서 위의 세 가지 삶과 연관되어 있다. 먼저, "가라"는 *개인의 삶*을 보다 강조한다. 그 이유는 간단하다! 굴복과 *행함*은 다른 어떤 사람도 대신해 줄 수 없는 것이기 때문이다. 주님의 뜻에 "내"가 굴복해야 하며, 또 제자다운 삶도 "내"가 행해야 한다.

"세례를 주라"는 *신앙 공동체의 삶*과 깊이 연관되어 있다. 그 이유는 너무나 분명하다! 성령세례를 통해 우주적 교회의 일원이 되는 것은 두말할 필요도 없이 *신앙 공동체*를 가리킨다. 물론 이것은 영적이며 보이지 않는 우주적인 *신앙 공동체*이다. 그러나 물세례를 통하여 지역 교회의 일원이 된다는 것은 구체적이며, 가시적(可視的)이며, 제한적인 공간에서 나누는 *신앙 공동체의 삶*이다.

"가르치라"는 *세상에서의 삶*과도 연관되어 있다. 왜냐하면 가르침에는 언제나 이중적인 면이 있기 때문이다. 예수님을 구세주로 영접하기 이전의 세상적인 삶의 방식을 버려야 하는 탈교육(脫敎育)도 포함되고, 또 새로운 삶의 방식을 취득해야 하는 재교육(再敎育)도 포함된다. 그렇게 변화된 모습으로 다시 세상으로 들어갈 때 예수 그리스도를 알지 못하는 사람들은 가시적인 복음의 능력을 대하면서 주님 앞으로 나온다. 그리고 그들도 예수 그리스도의 제자로 훈련되기 시작하는 것이다. 그 목적은 언제나 세계 복음화이다.

주 (註)

문을 열면서

1) Gerhard Kittel 편집, *Theological Dictionary of the New Testament*, 제4권, 2쇄, Geoffrey W. Bromiley 역 (Grand Rapids, MI: Wm. B. Eerdmans Publishing Co., 1979), 441.

2) Ibid., 445-50.

3) Ibid., 446-47. Bonhoeffer도 제자란 모든 율법적인 관계를 끊고 그리스도에게만 충성하는 것이라고 강조한다. Dietrich Bonhoeffer, *The Cost of Discipleship*, 19쇄, Ralph P. Martin (New York: Macmillan Publishing Co., Inc., 1977), 63을 보라.

4) 요한복음 17:19을 참조하라.

5) Pentecost는 신자간의 사랑이 제자의 기호 내지 표지라고 한다. J. Dwight Pentecost, *Design for Discipleship*, 9쇄 (Grand Rapids, MI: Zondervan Publishing House, 1977), 60.

6) 누가가 바울과 동행한 사실을 알려면 다음을 보라: Alfred Plummer, *The Gospel according to St. Luke*, 5쇄 (Edinburgh: T. & T. Clark, 1977), xii 이하.

7) R. C. H. Lenski, *The Interpretation of St. Luke's Gospel* (Minneapolis, MN: Augsburg Publishing House, 1961), 786.

1. "내 말에 거하라"

1) 많은 학자들이 30절의 믿음(πιστύω εἰς)과 31절의 믿음(πιστύω)의 차이를 설명하면서 유대인들이 표현한 믿음의 진위(眞僞)에

대한 논란이 있는 것도 사실이나, 그처럼 믿은 유대인들에게 형식적인 믿음과 참 믿음의 차이를 설명하면서 참 믿음으로 들어갈 것을 강조하는 말씀으로 받아들여야 한다. D. A. Carson, *The Gospel according to John* (Grand Rapids, MI: Wm. B. Eerdmans Publishing Co., 1991), 346-49를 보라.

2) John Calvin, *Commentary on the Gospel according to John*, 제1권, William Pringle 역, *Calvin's Commentaries*, 제17권 (Edinburgh: Calvin Translation Society; reprint Grand Rapids, MI: Baker Book House, 1993), 340-41.

3) 제자원 편, 『요한복음 제7-12장』, 『옥스퍼드 원어성경대전』, 제100권 (서울: 제자원 바이블네트, 1999), 199.

4) Ibid., 199-200.

5) Carson, *The Gospel according to John*, 348.

6) 넓은 의미에서 믿은 사람은 모두 제자이나, 진정한 의미에서 제자는 예수님의 말씀에 지배되는 사람이다. R. C. H. Lenski, *The Interpretation of St. John's Gospel* (Minneapolis, MN: Augsburg Publishing House, 1943), 629.

7) 제자원 편, 『요한복음 제7-12장』, 201.

8) Lenski, *St. John's Gospel*, 631-32.

9) William Barclay, *The Gospel of John*, 제2권 (Philadelphia, PA: The Westminster Press, 1975), 21-22.

10) 헬라어 γινωσκω는 스승의 중요한 가르침을 진정으로 받아들이는 제자와의 인격적인 관계가 이루어진 것을 강조하는 동사이다. W. E. Vine, Merrill F. Unger & William White, Jr., *Vine's Expository Dictionary of Biblical Words* (Nashville, TN: Thomas Nelson Publishers, 1985), 346.

2. "서로 사랑하라"

1) A. B. Bruce, *The Training of the Twelve*, 6쇄 (Grand Rapids,

MI: Kregal Publications, 1976), 380.

2) 제임스 M. 보이스, 『주석적 요한복음 강해: 13장-17장』, 제4권 (서울: 크리스챤 다이제스트사, 1988), 83.

3) Lenski, *St. John's Gospel*, 960.

4) Calvin, *Commentary on the Gospel according to John*, 제2 권, *Calvin's Commentaries*, 제18권, 75.

5) 예수님은 친구를 위해 목숨을 포기하라는 것 이외에, "원수를 사 랑하며" (마 5:44), "끝까지 사랑하라"(요 13:1)고 말씀하신다.

6) 짧은 본문에서 예수님은 "서로 사랑하라"를 세 번씩이나 말씀하 셨다.

7) Lenski, *St. John's Gospel*, 961.

8) Charles Caldwell Ryrie 편집, *The Ryrie Study Bible* (Chicago: Moody Press, 1978)의 요한일서 2:10의 각주.

9) 보이스, 『주석적 요한복음 강해: 13장-17장』, 85.

3. 과실을 맺는 제자

1) Bruce, *The Training of the Twelve*, 419.

2) NASB는 *제거하다*(take away)로, NIV는 *떼어내다*(cut off)로 각각 번역되었다.

3) 요한복음 15장에서 거한다는 동사($\mu\varepsilon\nu\omega$)는 열 번이나 나오는 중 심 단어이다 (4, 5, 6, 7, 9, 10, 11, 16).

4) George R. Beasley-Murray, *John*, *Word Biblical Commentary*, 제36권, David A. Hubbard 편집 (Waco, TX: Word Books, Publisher, 1987), 273.

5) J. H. Bernard, *A Critical & Exegetical Commentary on the Gospel according to St. John*, 제2권 (New York: Charles Scribner's Sons, 1972), 482.

6) Kittel 편집, *Theological Dictionary of the New Testament*, 제1권, 10쇄, 671.

7) Ibid., 666.

4. 제자의 삶

1) Pentecost, *Design for Discipleship*, 62.

5. 제자의 가르침

1) 열두 제자들의 이름은 이렇게 시작된다, "베드로라는 시몬을 비롯하여." 여기에서 "비롯하여"는 헬라어로 프로토스(πρωτος)로, "제1의, 우두머리의"란 의미이다. William Barclay, *The Master's Men* (Nashville, TN: Abingdon Press, 1991), 19.

2) 이와 같은 삼중적인 구원을 위하여 다음을 보라: Michael Green, *Evangelism through the Local Church* (Nashville, TN: Oliver Nelson, 1992), 32-33.

3) J. Ramsey Michaels, *1 Peter, Word Biblical Commentary*, 제49권, Ralph P. Martin 편집 (Waco, TX: Word Books, Publisher, 1988), 90.

4) 베드로가 보기에 모든 그리스도인 제자는 언제나 어린 아기와 같다. Charles Bigg, *A Critical & Exegetical Commentary on the Epistles of St. Peter & St. Jude*, 2쇄 (Edinburgh: T. & T. Clark, 1975, 126.

5) R. C. H. Lenski, *The Interpretation of I & II Epistles of Peter, the Three Epistles of John, & the Epistle of Jude* (Minneapolis, MN: Augsburg Publishing House, 1966), 87.

6) William Barclay, *The Letters of James and Peter* (Philadelphia, PA: The Westminster Press, 1976), 195.

7) 족속은 중생으로 이루어진 가족이요 형제를 의미한다. Bigg, *The Epistles of St. James and Peter*, 134.

6. 개인의 삶

1) 박윤선, 『성경주석, 히브리서/공동서신』 (서울: 영음사, 1981), 257. 흥미롭게도 "인자하심"은 헬라어로 크레스토스(χρηστος)로, "우리를 위하여 십자가에서 죽으신 그리스도(크리스토스: Χριστος)의 인자하심"을 대조했는지 모른다. 이를 위해 다음을 보라: Norman Hillyer, *I & II Peter, Jude, New International Biblical Commentary*, 제16권, W. Ward Gasque 편집 (Peabody, MA: Hendrickson Publishers, 1992), 57.

2) 강병도 편, 『히브리서-베드로후서』, 『호크마 종합주석』, 제9권 (서울: 기독지혜사, 1992), 431.

3) 제자원 편집, 『히브리서-요한계시록』, 『그랜드 종합주석』, 제16권 (서울: 성서교재간행사, 1993), 369.

4) 이 다섯 가지 악습에 대한 보다 상세한 설명을 위하여 다음을 보라: 윌리엄 맥도날드, 『히브리서, 야고보서, 베드로전후서』, 『신자성경주석』, 제11권, 유지훈 역 (경기도: 전도출판사, 2000), 306-7.

5) Peter H. Davids, *The First Epistle of Peter, The New International Commentary on the New Testament* (Grand Rapids, MI: Wm. B. Eerdmans Publishing Co., 1990), 55.

6) "갓난 아기"와 같은 표현은 유대적 배경을 가진 사람들에게는 매우 인상적인데, 유대인들은 성장 단계를 묘사하는 여러 가지 단어를 사용하기 때문이다: "갓 태어난 아기" (사 9:6), "젖먹이" (사 53:2), "젖 뗀 아이"--2년 끝 (창 21:8); "처녀"--성적으로 성장한 단계 (사 7:14); "청년"--선택할 수 있을 나이 (사 62:5); 총칭인 아들과 딸. Hillyer, *I & II Peter*, 58-59.

7) Vine, Unger & White, *Vine's Expository Dictionary of Bib-

lical Words, 161.

8) 이런 두 가지 양상을 탈교육(unlearning)과 재교육(relearning)으로 표현하기도 한다. 홍성철, "마태복음에 나타난 지상명령,"『오늘의 전도 어떻게 볼 것인가?』, 로버트 콜만 편집 (서울: 죠이선교회출판부, 1993), 190을 보라.

7. 신앙 공동체의 삶

1) 베드로는 사도 요한과 같은 의미로 "나아오다"(요한복음 5:50, 6:35, 37, 45, 7:37)를 사용했는데, 그 의미는 "믿다," "영접하다" 등이다. 이를 위하여 다음을 보라. Donald G. Miller, *I Peter: On This Rock* (Allison Park, PA: Pickwick Publications, 1993), 189.

2) 베드로는 부활하신 예수님을 "산 돌"로 표현하면서, 그로 인해 생긴 소망을 "산 소망"으로 (벧전 1:3), 그리고 그 소망의 매개인 말씀을 "산 말씀"으로 (벧전 1:23) 각각 묘사한다.

3) 박윤선,『성경주석, 히브리서/공동서신』, 257.

4) John R. W. Stott, "The Christian Church Is a Missionary Church," in *Declare His Glory among the Nations*, David M. Howard 편집 (Downers Grove, IL: InterVarsity Press, 1977), 83.

5) 박윤선,『성경주석, 히브리서/공동서신』, 258.

6) 베드로는 "기독론으로 교회론"을 전개한다. Michaels, *1 Peter*, 93.

7) 게바와 베드로는 공히 돌이란 뜻으로, 전자는 아람어이고 후자는 헬라어이다.

8) 본문은 베드로이나 필자는 그 의미인 돌로 표기했다.

9) "모퉁이 돌은 두 개의 벽을 이어 그 무게를 바치는 돌을 가리키면서, 유대인과 이방인을 연결시키는 그리스도의 구속 사역을 의미

한다." 박윤선, 『성경주석, 히브리서/공동서신』, 257.

10) "모든 사람이 하나님 앞에서 궁극적으로 어떻게 서느냐는 그가 돌이신 그리스도를 믿었느냐 믿지 않았느냐, 순종했느냐 순종하지 않았느냐에 달려 있다." Miller, *I Peter: On This Rock*, 195.

11) "순종하지 아니하다"는 "반복적으로 설득되기를 거부하다"의 의미이다. Ibid., 196.

12) 성령이 함께 하신다는 사실은 그 신앙 공동체가 하나님과 예수 그리스도에게 속해 있다는 뜻이다. Michaels, *1 Peter*, 100을 보라.

13) 제사장은 하나님과 인간 사이의 가교(架橋)인데, 5절은 신자들을 위한 제사장의 역할과 9절은 불신자들을 위한 제사장의 역할을 각각 강조한다. 이 두 가지를 종합해서 "만인제사장"이라 한다. Barclay, *The Letters of James and Peter*, 196.

14) 폴 가드너, 『성경 본문의 맥을 밝혀 주는 베드로전서-요한계시록』(서울: 성서유니온, 1990), 14.

8. 세상에서의 삶

1) 이스라엘은 이방인들에게 버려진 것이 아니라, 그들을 통하여 정화된 것이다. Bigg, *The Epistles of St. Peter and St. Jude*, 134.

2) 베드로는 불신자들이 받을 심판을 8절에서 언급한 후, 그들에게 복음을 전할 전도자들이 있다는 것을 대조적으로 강조하기 위하여 9절을 *그러나*로 시작한다.

3) 이 가운데서 *택하신 족속*은 이사야 43:20-21을 인용한 것이다.

4) Lenski, *I & II Epistles of Peter*, 99.

5) 이 언약의 조건과 경고를 위해 Ibid를 보라. 이런 호응에 대하여 출애굽기 19:5은 이렇게 명시한다, "너희가 내 말을 잘 듣고 내 언약을 지키면 너희는 모든 민족 중에서 내 소유가 되겠고."

6) 그 가운데서도 하나님과 친구처럼 긴밀한 교제를 나눌 수 있는 특권이 주어졌다. Barclay, *The Letters of James & Peter*, 199.

7) Howard I. Marshall, *I Peter, The IVP New Testament Commentary Series*, Grant R. Osborne 편집 (Downers Grove, IL: InterVarsity Press, 1991), 74.

8) Lenski, *I & II Epistles of Peter*, 101.

9) Ibid., 100.

10) John Wesley, *Romans-Revelation, Wesley's Notes on the New Testament*, 제2권 (Peabody, MA: Hendrickson Publishers, Inc., 1983), 베드로전서 2:9.

11) Ibid., 102.

12) Miller, *I Peter: On This Rock*, 197.

13) Ibid.

14) 제자원 편집, 『히브리서-요한계시록』, 367-68.

15) Lenski, *I & II Epistles of Peter*, 103.

16) Bigg, *The Epistles of St. Peter*, 135.

17) Stott, "The Christian Church Is a Missionary Church," 87.

18) John Calvin, *Hebrews-Jude, Calvin's Commentaries*, 제22권, John Owen 역 (Edinburgh: Calvin Translation Society; reprint, Grand Rapids, MI: Baker Book House Co., 1993), 76.

19) 이런 표현은 믿지 않던 과거와 믿는 현재를 대조하기 위해 바울도 즐겨 사용한다. 로마서 3:25-26, 6:19, 6:21, 7:5-6; 에베소서 2:11-13 등을 보라.

20) Lenski, *I & II Epistles of Peter*, 104.

21) 포도원 편, 『베드로전서-유다서』, 『프리처스 설교 성경』 제12권 (서울: 포도원, 1996), 106.

9. 우선 순위의 설정

1) Plummer, *A Critical & Exegetical Commentary on the Gospel according to St. Luke*, 363.

2) F. F. Bruce, *The Hard Sayings of Jesus* (Downers Grove, IL: InterVarsity Press, 1983), 119.

3) James Montgomery Boice, *Christ's Call to Discipleship* (Grand Rapids, MI: Kregal Publications, 1998), 115.

4) Vine, Unger & White, *Vine's Expository Dictionary of Biblical Words*, 292.

5) Pentecost, *Design for Discipleship*, 67.

6) Norval Geldenhuys, *The Gospel of Luke, The New International Commentary on the New Testament*, 11쇄, N. B. Stonehouse 편집 (Grand Rapids, MI: Wm. B. Eerdmans Publishing Co., 1979, 398.

7) Bonhoeffer, *The Cost of Discipleship*, 108.

8) Pentecost, *Design for Discipleship*, 67.

9) John Nolland, *Luke 9:21-18:34, Word Biblical Commentary*, 제35b권, Ralph P. Martin 편집 (Dallas, TX: Word Books, Publisher, 1993), 766.

10. 자기 부인

1) 전자는 에르케타이 프로스 메(ἔρχεται πρός με)이고 후자는 에르케타이 오피소 무(ἔρχεται ὀπίσω μου)인데, 특히 두 개의 전치사가 다르다. 앞의 전치사는 "...에게 오다"가 강조되나, 뒤의 것은 "...뒤를 따르다"가 강조된다. Darrell L. Bock, *Luke 9:5124:53*, 제2권, *Baker Exegetical Commentary on the New Testament*, Moises Silver 편집 (Grand Rapids, MI: Baker Books, 1996),

1284를 보라.

2) Ibid.

3) 이 소제(小題)의 동사들, "부인하다" (ἀρνησάσθω), "지다" (ἀράτω), "따르다"(ἀκολουθείτω)는 모두 헬라어 알파(α)로 시작하면서 그 의미를 강조하는 것 같다.

4) 예수님은 베드로의 고백 이후라는 같은 정황에서 이와 같은 말씀을 하시면서, 마가복음에서는 "무리와 제자들"에게 말씀하셨고 (막 8:34), 마태복음에서는 "제자들"에게 이르신 것을 볼 때 (마 16:24), 역시 제자가 되는 기준을 제시하신 것이 분명하다. John Nolland, *Luke 9:21-18:34, Word Biblical Commentary*, 제35a 권, Ralph P. Martin 편집 (Dallas, TX: Word Books, Publisher, 1993), 481을 보라.

5) Walter J. Chantry, *The Shadow of the Cross: Studies in Self-Denial*, 2쇄 (Carlisle, PA: The Banner of Truth Trust, 1989), 9.

6) Ibid., 10.

7) Robert E. Coleman, *The Master Plan of Evangelism*, 30쇄 (Old Tappan, NJ: Fleming H. Revell Co., 1973), 57.

8) Boice는 전도 이외에도 성경 읽기와 기도 생활, 다른 사람들을 돕는 일들도 십자가를 지는 사역이라고 언급한다. Boice, *Christ's Call to Discipleship*, 40을 보라.

9) Vine, Unger & White, *Vine's Expository Dictionary of Biblical Words*, 244.

10) Bruce, *The Hard Sayings of Jesus*, 152.

11) Allan Coppedge, *The Biblical Principles of Discipleship* (Grand Rapids, MI: Francis Asbury Press, 1989), 61 이하.

12) Colin Brown 편집, *The New International Dictionary of New Testament Theology*, 제1권, 3쇄 (Grand Rapids, MI: Zondervan Publishing House, 1979), 482.

13) 예수님은 이유를 의미하는 "왜냐하면"(γάρ)을 24절, 25절, 26절

의 서두에 사용하셨다.

11. 소유권의 포기

1) John Stott, *The Spirit, the Church and the World: The Message of Acts* (Downers Grove, IL: InterVarsity Press, 1990), 84.

2) Gerhard Kittel & Gerhard Friedrich 편집, *Theological Dictionary of the New Testament*, 제8권, 7쇄, Geoffrey W. Bromiley 역 (Grand Rapids, MI: Wm. B. Eerdmans Publishing Co., 1979), 33.

3) Geldenhuys, *The Gospel of Luke*, 399.

4) Bock, *Luke 9:51-24:53*, 1290.

5) John Wesley, *John Wesley's Commentary on the Bible*, G. Roger Schoenhals 편집 (Grand Rapids, MI: Francis Asbury Press, 1990), 23.

6) Ibid.

7) Pentecost, *Design for Discipleship*, 79.

8) Bruce, *The Hard Sayings of Jesus*, 176.

9) Geldenhuys, *The Gospel of Luke*, 399.

10) Lenski, *St. Luke's Gospel*, 788-89.

11) Bock, *Luke 9:51-24:53*, 1289.

12) 제자원 편, 『누가복음 제 9-17a장』, 『옥스퍼드 원어성경대전』, 제107권 (서울: 제자원 바이블네트, 2000), 584.

12. 맛 잃은 소금

1) Geldenhuys, *The Gospel of Luke*, 399.

2) Bock, *Luke 9:51-24:53*, 1290-91.

3) Bruce, *The Hard Sayings of Jesus*, 38. 이 세 가지는 소금의 기능이기도 한데, 곧 부패 방지, 맛을 냄, 비료 등이다. Bock, *Luke 9:51-24:53*, 1290을 보라.

4) 제자원 편, 『누가복음 제 9-17a장』, 589.

5) Boice, *Christ's Call to Discipleship*, 42.

6) Bohoeffer, *The Cost of Discipleship*, 98.

7) Nolland, *Luke 9:21-18:34*, 766.

8) Bock, *Luke 9:51-24:53*.

9) 보다 상세한 파괴의 묘사를 위해 다음을 보라: 홍성철, 『현대인을 위한 복음전도의 성경적 모델』(서울: 도서출판 세복, 2002), 192-93.

10) 제자원 편, 『누가복음 제9-17a장』, 593.

문을 닫으면서

1) Boice는 기도, 성경 연구, 전도, 마태복음 25:31-46에 열거된 것들의 행함 등을 십자가를 지는 것이라고 한다. Boice, *Christ's Call to Discipleship*, 40을 보라.

2) Donald A. Hagner, *Matthew 14-28, Word Biblical Commentary*, 제33a권, Bruce M. Metzger 편집 (Dallas, TX: Word Books, Publisher, 1995), 883.

3) 이 글은 필자가 『오늘의 전도 어떻게 볼 것인가?』에 기고한 내용을 수정한 것이다.

4) Stott는 "선포, 명령, 약속"으로 구분한다. John R. W. Stott, "The Great Commission," in *One Race, One Gospel, One Task*, 제1권, Carl F. H. Henry & W. Stanley Mooneyham 편집 (Minneapolis, MN: World Wide Publications, 1967), 44 이하.

5) Ibid., 45.

6) David J. Bosch, "The Structure of Mission: An Exposition of Matthew 28:16-20," in *Exploring Church Growth*, Wilbert R. Shenk 편집 (Grand Rapids, MI: William B. Eerdmans Publishing Co., 1983), 228.

7) Stott, "The Great Commission," 46.

8) Coleman은 예수께서 제자들을 선택하신 후 훈련시키고, 마침내 재생산하게 하신 과정을 여덟 가지(선택, 동거, 헌신, 분여, 시범, 위임, 감독, 재생산)로 간결하게 요약하였다. 로버트 콜만, 『주님의 전도계획』 홍성철 역 (서울: 생명의 말씀사, 1979)을 보라.

9) 레이튼 포드, 『사귀는 전도, 나누는 전도』 이숙희 역 (서울: 죠이선교회출판부, 1989), 118-19.

10) 이 단어에 해당하는 헬라어 포류오마이(πορευομαι)는 "간다," "죽는다," "행한다" 등의 의미를 갖는다. Kittel & Friedrich 편집, *Theological Dictionary of the New Testament*, 제6권, 8쇄, 573 이하를 보라.

11) Johannes Blauw, *The Missionary Nature of the Church* (New York: McGraw-Hill Book Co., Inc., 1962), 86. Verkuyl은 사회적, 종족적, 문화적, 지리적 국경선을 넘어가야 하는 사실을 강조한다. Johannes Verkuyl, "The Biblical Foundation for the Worldwide Mission Mandate," in *Perspectives on the World Christian Movement*, Ralph D. Winter & Steven C. Hawthorne 편집 (Pasadena, CA: William Carey Library, 1981), 49를 보라.

12) 로버트 콜만, "지상명령을 실천하는 생활양식," 『오늘의 전도 어떻게 볼 것인가』, 로버트 콜만 편집 (서울: 죠이선교회출판부, 1993), 149.

13) William L. Banks, *In Search of the Great Commission* (Chicago: Moody Press, 1991), 81.

14) 오순절의 경험(행 2:1-4)에 대하여 마태복음 3:11, 마가복음 1:7-8, 누가복음 3:16, 요한복음 1:33, 사도행전 1:4-5, 11:15-17에

서 언급된 성령세례는 고린도전서 12:13에서 언급된 성령세례와 서로 다른 의미이기에 이 논문에서는 다루지 않는다.

15) 세례에는 죄에 대한 회개와 그리스도에 대한 믿음을 내포하며, 그 결과 그분의 제자가 되는 것을 함축한다. Willoughby C. Allen, *A Critical and Exegetical Commentary on the Gospel according to St. Matthew*, 3쇄 (Edinburgh: T. & T. Clark, 1977), 305.

16) 주님의 분부는 사복음서뿐 아니라, 신구약 전체를 가리킨다. Kenneth L. Gentry, Jr., *The Greatness of the Great Commission* (Tyler, TX: Institute for Christian Economics, 1990), 69-71.

17) Allen Hadidian, *Successful Discipling*, 2쇄 (Chicago: Moody Press, 1979), 66.

참고 도서

Allen, Willoughby C. *A Critical and Exegetical Commentary on the Gospel according to St. Matthew*, 3쇄. Edinburgh: T. & T. Clark, 1977.

Arias, Mortimer & Alan Johnson. *The Great Commission: Biblical Models for Evangelism*. Nashville, TN: Abingdon Press, 1992.

Banks, William L. *In Search of the Great Commission*. Chicago: Moody Press, 1991.

Barclay, William. *The Gospel of John*, 제2권. Philadelphia, PA: The Westminster Press, 1975.

_____. *The Letters of James and Peter*. Philadelphia, PA: The Westminster Press, 1976.

_____. *The Master's Men*. Nashville, TN: Abingdon Press, 1991.

Beasley-Murray, George R. *John. Word Biblical Commentary*, 제36권. David A Hubbard 편집. Waco, TX: Word Books, Publisher, 1987.

Bernard, J. H. *A Critical & Exegetical Commentary on the Gospel according to St. John*, 제2권. New York: Charles Scribner's Sons, 1972.

Bigg, Charles. *A Critical & Exegetical Commentary on the Epistles of St. Peter and St. Jude*, 2쇄. Edinburgh: T. & T. Clark, 1975.

Blauw, Johannes. *The Missionary Nature of the Church*. New York: McGraw-Hill Book Co., Inc., 1962.

Bock, Darrell L. *Luke, 9:51-24:53*, 제2권. *Baker Exegetical Commentary on the New Testament*, Moises Silver 편집. Grand Rapids, MI: Baker Books, 1996.

Boice, James Montgomery. *Christ's Call to Discipleship*. Grand Rapids, MI: Kregal Publications, 1998.

Bonhoeffer, Dietrich. *The Cost of Discipleship*, 19쇄. R. H. Fuller 역. New York: Macmillan Publishing Co., Inc., 1963.

Bosch, David J. "The Structure of Mission: An Exposition of Matthew 28:16-20." In *Exploring Church Growth*. Wilbert R. Shenk 편집. Grand Rapids, MI: Wm B. Eerdmans Publishing Co., 1983.

Brown, Colin 편집. *The New International Dictionary of New Testament Theology*, 제1권, 3쇄. Grand Rapids, MI: Zondervan Publishing House, 1979.

Bruce, A. B. *The Training of the Twelve*, 6쇄. Grand Rapids, MI: Kregal Publications, 1976.

Bruce, F. F. *The Hard Sayings of Jesus*. Downers Grove, IL: InterVarsity Press, 1983.

Calvin, John. *Commentary on the Gospel according to John,* 제1-2권. William Pringle 역. *Calvin's Commentaries*, 제17-18권. Edinburgh: Calvin Translation Society; reprint, Grand Rapids, MI: Baker Book House, 1993.

_____. *Hebrews-Jude, Calvin's Commentaries*, 제22권. John Owen 역.

Carson, D. A. *The Gospel according to John*. Grand Rapids, MI: Wm. B. Eerdmans Publishing Co., 1991.

Chantry, Walter J. *The Shadow of the Cross: Studies in Self-Denial*, 2쇄. Carlisle, PA: The Banner of Truth Trust, 1989.

Coleman, Robert E. *The Master Plan of Evangelism*, 30쇄. Old Tappan, NJ: Fleming H. Revell Co., 1973.

Coppedge, Allan. *The Biblical Principles of Discipleship*. Grand Rapids, MI: Francis Asbury Press, 1989.

Davids, Peter H. *The First Epistle of Peter, The New International Commentary on the New Testament*. Grand Rapids, MI: Wm. B. Eerdmans Publishing Co., 1990.

Geldenhuys, Norval. *The Gospel of Luke. The New International Commentary on the New Testament*, 11쇄. N. B. Stonehouse 편집. Grand Rapids, MI: Wm. B. Eerdmans Publishing Co., 1979.

Gentry, Kenneth L., Jr. *The Greatness of the Great Commission.* Tyler, TX: Institute for Christian Economics, 1990.

Green, Michael. *Evangelism through the Local Church.* Nashville, TN: Oliver Nelson, 1992.

Hadidian, Allen. *Successful Discipling*, 2쇄. Chicago: Moody Press, 1979.

Hagner, Donald A. *Matthew 14-28. Word Biblical Commentary,* 제33a권. Bruce M. Metzger 편집. Dallas, TX: Word Books, Publisher, 1995.

Hillyer, Norman. *I & II Peter, Jude. New International Biblical Commentary*, 제16권. W. Ward Gasque 편집. Peabody, MA: Hendrickson Publishers, 1992.

Kittel, Gerhard & Gerhard Friedrich 편집. *Theological Dictionary of the New Testament*, 제1권, 10쇄. 제4권, 2쇄. Geoffrey W. Bromiley 역. Grand Rapids, MI: Wm. B. Eerdmans Publishing Co., 1979.

_____ & Gerhard Friedrich 편집. *Theological Dictionary of the New Testament*, 제6권, 8쇄. 제8권, 7쇄. Geoffrey W. Bromiley 역. Grand Rapids, MI: Wm. B. Eerdmans Publishing Co., 1979.

Lenski, R. C. H. *The Interpretation of I & II Epistles of Peter, the Three Epistles of John, & the Epistle of Jude.* Minneapolis, MN: Augsburg Publishing House, 1966.

_____. *The Interpretation of St. John's Gospel*, 1943.

_____. *The Interpretation of St. Luke's Gospel*, 1961.

Marshall, Howard I. *I Peter. The IVP New Testament Commentary Series.* Grant R. Osborne 편집. Downers Grove, IL: InterVarsity Press, 1991.

Michaels, J. Ramsey. *1 Peter. Word Biblical Commentary*, 제49권.

Ralph P. Martin 편집. Waco, TX: Word Books, Publisher, 1988.

Miller, Donald G. *I Peter: On This Rock*. Allison Park, PA: Pickwick Publications, 1993.

Nolland, John. *Luke 9:21-18:34. Word Biblical Commentary*, 제35b권. Ralph P. Martin 편집. Dallas, TX: Word Books, Publisher, 1993.

Pentecost, J. Dwight. *Design for Discipleship*, 9쇄. Grand Rapids, MI: Zondervan Publishing House, 1977.

Plummer, Alfred. *A Critical & Exegetical Commentary on the Gospel according to St. Luke*, 5쇄. Edinburgh: T. & T. Clark, 1977.

Ryrie, Charles Caldwell 편집. *The Ryrie Study Bible*. Chicago: Moody Press, 1978.

Stott, John R. W. "The Christian Church Is a Missionary Church." In *Declare His Glory among the Nations*. David M. Howard 편집. Downers Grove, IL: InterVarsity Press, 1977.

_____. "The Great Commission." In *One Race, One Gospel, One Task*, 제1권. Carl F. H. Henry & W. Stanley Mooneyham 편집. Minneapolis, MN: World Wide Publications, 1967.

_____. *The Spirit, the Church and the World: The Message of Acts*. Downers Grove, IL: InterVarsity Press, 1990.

Verkuyl, Johannes. "The Biblical Foundation for the Worldwide Mission Mandate." In *Perspectives on the World Christian Movement*. Ralph D. Winter & Steven C. Hawthorne 편집. Pasadena, CA: William Carey Library, 1981.

Vine, W. E., Merrill F. Unger & William White, Jr. *Vine's Expository Dictionary of Biblical Words*. Nashville, TN: Thomas Nelson Publishers, 1985.

Wesley, John. *John Wesley's Commentary on the Bible*. G. Roger Schoenhals 편집. Grand Rapids, MI: Francis Asbury Press, 1990.

_____. *Romans-Revelation, Wesley's Notes on the New Testament*,

제2권. Peabody, MA: Hendrickson Publishers, Inc., 1983.

가드너, 폴.『성경 본문의 맥을 밝혀 주는 베드로전서-요한계시록』. 서울: 성서유니온, 1990.

강병도 편.『히브리서-베드로후서』.『호크마 종합주석』, 제9권. 서울: 기독지혜사, 1992.

맥도날드, 윌리엄.『히브리서, 야고보서, 베드로전후서』.『신자성경주석』, 제11권, 유지훈 역. 경기도: 전도출판사, 2000.

박윤선.『성경주석, 히브리서/공동서신』. 서울: 영음사, 1981.

보이스, 제임스 M.『주석적 요한복음 강해: 13장-17장』, 제4권. 서울: 크리스챤 다이제스트사, 1988.

제자원 편.『누가복음 제 9-17a장』.『옥스퍼드 원어성경대전』, 제107권. 서울: 제자원 바이블네트, 2000.

_____.『요한복음 제7-12장』.『옥스퍼드 원어성경대전』, 제110권. 서울: 제자원 바이블네트, 1999.

제자원 편집.『히브리서-요한계시록』.『그랜드 종합주석』, 제16권. 서울: 성서교재간행사, 1993.

콜만, 로버트.『주님의 전도계획』. 홍성철 역. 서울: 생명의 말씀사, 1979.

_____. "지상명령을 실천하는 생활양식."『오늘의 전도 어떻게 볼 것인가?』. 로버트 콜만 편. 서울: 죠이선교회출판부, 1993.

포도원 편.『베드로전서-유다서』.『프리처스 설교 성경』, 제12권. 서울: 포도원, 1996.

포드, 레이튼.『사귀는 전도, 나누는 전도』. 이숙희 역. 서울: 죠이선교회출판부, 1989.

홍성철. "마태복음에 나타난 지상명령."『오늘의 전도 어떻게 볼 것인가?』. 로버트 콜만 편집. 서울: 죠이선교회출판부, 1993.

_____.『현대인을 위한 복음전도의 성경적 모델』. 서울: 도서출판 세복, 2002.

성경 색인

도서출판 세 복의 발간 도서

QT를 위한 묵상집

날마다 솟는 샘
존 T. 시먼즈 지음 / 이영기 옮김 / 크라운판 (양장본) / 초판 1쇄 / 378쪽 / 12,000원
사복음서에 나타난 예수님의 삶과 가르침을 통하여 일 년 동안 큐티를 위한 매일의
영적 양식으로, 독자의 영적 삶을 통성하게 해 주는 책.

하나님의 임재를 연습하라
로렌스 형제 지음 / 스티브 트락셀 편집 / 류명욱 옮김 / 신국판 / 초판 2쇄 / 172쪽 / 6,500원
일상 생활 속에서 하나님을 사랑하라는 명령을 실천하는 것이 무엇인가를 보여 주어
하나님의 임재 안에서 사는 법을 훈련할 수 있는 명저.

새신자 및 초신자에게 추천할 책

나는 어떻게 예수님을 만났는가?
홍성철 편집 / 신국판 / 초판 1쇄, 개정판 10쇄 / 332쪽 / 8,000원
각계 각층에서 그리스도의 향기를 진하게 풍기고 있는 21명의 신앙 고백으로, 새신자
및 전도용 선물로 최적인 책.

당신의 생애도 변화될 수 있다
알란 워커 지음 / 홍성철 옮김 / 신국판 / 초판 2쇄 / 104쪽 / 4,000원
삶의 목적과 변화를 원하는 모든 현대인들에게 예수 그리스도가 제공하는 구원의 은혜
로 변화된 생애를 살 수 있도록 도전하고 길잡이 역할을 할 명저.

첫 걸음부터 주님과 함께
션 던 지음 / 전현주 옮김 / 신국판 / 초판 2쇄 / 115쪽 / 3,500원
반복되는 일시적인 결단의 공허함을 극복할 수 있는 원리를 제시하며, 그 원리를 삶
에 적용할 때 믿음의 진보와 주님과 하나 되는 매일의 삶으로 인도하는 책.

목회자를 위한 강해 설교집

고난 중에도 기뻐하라 (빌립보서 강해 설교)
홍성철 지음 / 신국판 / 초판 2쇄 / 506쪽 / 10,000원
고난 중에도 기뻐할 수 있는 사도 바울의 비결을 성경적으로 파헤치고, 목회적으로 제
시한 41편의 강해 설교집.

눈물로 빚어 낸 기쁨 (룻기 강해)
홍성철 지음 / 신국판 / 초판 1쇄 / 182쪽 / 6,000원
룻기에 감겨진 아름다운 이야기를 새로운 각도로 접근하여 전개한 강해집.

시편 강해 (I-IV)

강선영 지음 / 신국판 (양장본) / 초판 1쇄 / 550쪽 / 권당 15,000원

저자가 4년여 동안 시편 전체를 연구하며 설교한 것을 정리하여 펴낸 강해 설교집.

심령의 호소를 들으시는 하나님 (시편 강해 1-23편)

이태웅 지음 / 신국판 / 초판 1쇄 / 304쪽 / 7,500원

시편을 기록한 지 수천 년이 지났으나, 시편 기자들이 경험한 변함없는 하나님의 실재와 냉험한 현실 사이에서 의에 주리고 목말라하는 사람에게 한 모금의 냉수와 같은 책.

알기 쉬운 히브리서 (히브리서 강해)

네일 라이트푸트 지음 / 홍성철 옮김 / 신국판 / 초판 1쇄 / 244쪽 / 7,500원

대제사장이요 단번에 드려진 속죄물이신 예수 그리스도를 소개하여 모든 그리스도인들의 신앙을 깊게 하며 예수 그리스도를 깊이 만나게 하는 명저.

요한복음 강해 (I-IV)

강선영 지음 / 신국판 (양장본) / 초판 1쇄 / 590쪽 / 권당 12,000원

저자가 6년여 동안 요한복음을 연구하며 설교한 것을 정리하여 펴낸 강해 설교집.

우리에게 일용할 양식을 주소서 (주기도문 강해 설교)

홍성철 지음 / 신국판 / 초판 2쇄 / 228쪽 / 6,000원

주기도문에 나타난 하나님의 영광과 우리의 필요를 깊이 조명시켜 주는 강해 설교집.

교역자 및 지도자에게 추천할 책

가정교회 21세기 목회의 새로운 대안

박승로 지음 / 신국판 / 초판 1쇄 / 214쪽 / 7,500원

교회 성장을 위하여 소그룹의 특성을 살리며 살아 있는 교회의 세포인 "교회 안의 작은 교회"의 가정교회의 사례 연구와 교회 갱신의 전략으로서 구체적인 방향을 제시한 책.

목회자의 자기 관리

로이 오스왈드 지음 / 김종환 옮김 / 신국판 / 초판 2쇄 / 276쪽 / 7,000원

자기 관리에 게으르거나 무관심한 그리스도인이 어떻게 자기 관리를 해야 하는지 구체적으로 제시하는 책.

복음주의 실천신학개론

복음주의 실천신학회 편 / 신국판(양장본) / 초판 4쇄 / 430쪽 / 13,000원

한국 교회의 목회자와 그리스도인들에게 신학의 복음주의적인 안목을 갖게 함으로 목회 현장을 더욱 풍요롭게 하는 지침서.

불타는 전도자 존 웨슬리

홍성철 지음 / 신국판 (양장본) / 초판 3쇄 / 344쪽 / 10,000원

존 웨슬리가 어떻게 불타는 전도자가 될 수 있었는지를 제시하여, 현대 그리스도인들도 불타는 전도자가 되도록 인도해 주는 책.

성령 안에서 설교하라
데니스 F. 킨로 지음 / 홍성철 옮김 / 신국판 / 초판 3쇄 / 176쪽 / 4,500원
방법과 기교를 강조하는 현대 설교에서 성령의 임재를 회복할 수 있는 설교의 원리와
방법을 분명하게 제시하는 책.

영혼을 돌보는 목자
캐롤 와이즈, 존 힝클 지음 / 이기승 옮김 / 신국판 / 초판 1쇄 / 248쪽 / 6,500원
잠재력이 있는 영혼들을 돌보는 사역을 감당하고자 하는 목사, 전도사, 평신도 지도자,
구역장 등에게 안내자 역할을 하는 책.

웨슬리안 조직신학
오톤 와일리, 폴 컬벗슨 지음 / 전성용 옮김 / 신국판 / 초판 1쇄 / 570쪽 / 15,000원
신학의 기초 과정을 위한 교과서일 뿐만 아니라, 평신도들이 사용할 수 있도록 간략하
면서도 체계를 갖춘 기독교 교리를 제시한 신학의 고전.

이렇게 예수 그리스도의 제자가 되자
홍성철 지음 / 신국판 / 초판 2쇄 / 238쪽 / 7,000원
예수 그리스도처럼 제자 훈련의 모범과 성공을 이룬 사람은 일찍이 없었다. 그분의 훈
련 방법과 원리가 무엇인지에 대한 해답을 성경적으로 명쾌하게 제시한 책.

항상 은혜가 먼저입니다
류종길 지음 / 신국판 / 초판 1쇄 / 365쪽 / 9,000원
저자가 일생을 목회에 헌신하고 목사 안수 30주년 기념으로 그의 사역을 회상하며 하
나님의 은혜를 고백한 책으로, 설교집, 칼럼 및 목회 서신 등이 수록되어 있으며, 저자
의 헌신, 희생, 비전, 지혜를 엿볼 수 있는 책.

<u>평신도를 위한 묵상집</u>

기적을 만드는 사람들
워렌 위어스비 지음 / 구교환 옮김 / 신국판 / 초판 1쇄 / 182쪽 / 6,000원
사도로 변화된 베드로의 이야기를 통해 현대의 그리스도인들이 하나님의 기적을 만들
며 살아가도록 도전하는 책

너희는 나를 누구라 하느냐?
존 T. 시먼즈 지음 / 홍성철 옮김 / 신국판 / 초판 1쇄 / 198쪽 / 6,500원
예수님의 인격과 비유와 기적을 통해 "너희는 나를 누구라 하느냐?"에 대한 질문을 신
학적으로나 신앙적으로 명쾌하게 제시한 책.

십자가 앞에서
리차드 바우햄, 트레보 하트 지음 / 김동욱 옮김 / 신국판 / 초판 1쇄 / 156쪽 / 5,000원
십자가 앞에 서 있던 열한 명의 삶의 관점에서 십자가를 묵상하므로 우리의 삶을 깊이
있게 변화시켜 줄 것을 기대할 수 있는 책.

평신도에게 추천할 책

그리스도의 마음
데니스 킨로 지음 / 홍성철 옮김 / 신국판 / 초판 1쇄 / 188쪽 / 6,000원
성령이 믿는 자에게 주시는 "그리스도의 마음"이 의미하는 바가 무엇인지 잘 설명해
주는 책.

당신의 인생을 다시 시작하라
데일 겔러웨이 지음 / 류선욱 옮김 / 신국판 / 초판 1쇄 / 202쪽 / 6,500원
인생에서 위기를 당하거나 상처를 입었을 때 어떻게 극복할 수 있는지 저자 자신의
경험을 통해 새롭게 일어날 수 있는 길을 감동적으로 조명해 주는 책.

상처난 아버지와의 관계 회복
제임스 L. 쉘러 지음 / 이기승 옮김 / 신국판 / 초판 2쇄 / 272쪽 / 8,000원
인생의 풀리지 않는 아버지와의 문제들이 무엇이며 그것을 어떻게 다루어야 할지, 더
나아가 하나님 아버지께로 인도하는 책.

성결의 아름다움
베이즈 에트킨슨 지음 / 홍성국 옮김 / 신국판 / 초판 1쇄 / 184쪽 / 5,500원
성결이라는 성경적 진리의 핵심에 직면하여 마음의 감동과 함께 성결하게 되는 것을
체험하도록 인도해 주는 책.

성령과 동행하라
스티븐 해퍼 지음 / 홍성철 옮김 / 신국판 / 초판 3쇄 / 224쪽 / 5,500원
기독교 영성이 무엇이며, 또 어떻게 그 영성을 체험하고 유지할 수 있는지에 대한 좋은
안내자가 되는 책.

성령님, 나를 변화시켜 주세요   그리고 사용하여 주세요
커리 매비스 지음 / 홍성철 옮김 / 신국판 / 초판 1쇄 / 180쪽 / 5,500원
분노와 죄의식 등 감정의 문제들이 어떻게 성령의 역사로 변화되어 성장할 수 있고,
주님께 쓰임받을 수 있는가를 제시하는 책.

성령의 충만을 받으라
존 T. 시먼즈 지음 / 홍성철 옮김 / 신국판 / 재판 4쇄 / 152쪽 / 4,000원
성령의 충만과 능력을 갈구하는 모든 그리스도인에게 그 방법을 단계적으로 제시한 책.

잃어버린 퍼스낼리티를 찾아서
최병전 지음 / 신국판 / 초판 1쇄, 개정판 1쇄 / 206쪽 / 5,000원
구원은 받았지만 인격의 상처는 개인과 가정과 교회와 사회에 문제를 일으키는 것을
진단하고 해결의 실마리를 제시하는 책.

자살을 애도하며
알버트 쉬 지음 / 전현주 옮김 / 신국판 / 초판 1쇄 / 262쪽 / 7,000원
사랑하는 사람의 자살이 있은 후 남겨진 자살 생존자들을 돕는 안내서이며, 자살을 예
방할 수 있도록 돕는 책.

최후의 승리
어네스트 젠타일 지음 / 이혜숙 옮김 / 신국판 (양장본) / 초판 1쇄 / 398쪽 / 15,000원
예수님의 영광스러운 재림이 어떠할 것인지를 알려 주고, 영적으로 깨어서 기쁨으로
준비할 수 있게 할 역작.

현대인을 위한 존 웨슬리의 메시지
스티븐 허퍼 지음 / 김석천 옮김 / 신국판 / 초판 2쇄 / 168쪽 / 5,000원
존 웨슬리의 메시지를 현대인을 위해 재해석한 책으로, 현대의 그리스도인들에게 빛과
방향을 제시해 주는 책.

전도 및 선교를 위한 안내서

서로 사랑하자 성경적 복음전도의 모형
진 게츠 지음 / 하도균 옮김 / 신국판 / 초판 1쇄 / 228쪽 / 7,000원
사랑의 동기로 시작하는 복음전도에서 그리스도인들이 사랑으로 하나님을 통해 사람들
을 그리스도께로 인도할 구체적인 방법을 안내하는 베스트 셀러 작가 진 게츠의 명저.

주님의 지상명령 성경적 의미와 적용
홍성철 지음 / 신국판 / 초판 1쇄 / 218쪽 / 7,000원
주님의 지상명령이 함축하고 있는 의미를 깊이 조명하여 그리스도인들로 하여금 그
명령에 보다 확실히 순종할 수 있게 할 저자가 심혈을 기울인 책.

타문화권 복음 전달의 원리와 적용
존 T. 시먼즈 지음 / 홍성철 옮김 / 신국판 / 초판 3쇄, 2판 2쇄 / 342쪽 / 8,000원
복음과 타종교와의 관계 및 복음 전달의 원리와 방법을 깊게 다루어 복음 전달의 이론
적 인도자가 되는 명저.

현대인을 위한 복음전도의 성경적 모델
홍성철 지음 / 신국판 / 초판 1쇄 / 320쪽 / 10,000원
복음적인 안목으로 성경에 접근하고자 하는 그리스도인과 복음전도 지향적인 설교를
준비하는 사역자를 위해 길잡이 역할을 할 명저.

회심 거듭남의 의미와 적용
홍성철 편집 / 신국판 / 초판 2쇄, 개정판 2쇄 / 224쪽 / 6,000원
기독교에서 가장 핵심적 교리인 "회심"의 문제를 신학적, 경험적, 적용적으로 이 분야
의 권위자들이 다룬 9편의 글.

그룹 교재로 활용할 수 있는 책

그리스도인의 문제들 어떻게 극복할 것인가?
맥시 더남 지음 / 하도균 옮김 / 신국판 / 초판 1쇄 / 264쪽 / 7,000원
그리스도인이 매일의 삶 속에 당면하는 문제들을 어떻게 대처하고 극복해 나갈 수 있
는지 안내하는 책.

성령의 열매와 생활

맥시 더남, 킴벌리 더남 레이스먼 지음 / 박재승 옮김 / 신국판 / 초판 1쇄 / 270쪽 / 7,000원
그리스도인의 믿음을 강화시켜 줄 재료로 일곱 가지 기본 덕목을 제시하며, 하나님이
창조하신 대로 선한 자가 되어, 독자를 성령의 열매를 맺는 생활로 안내하는 책.

영적 훈련

맥시 더남 지음 / 이연승 옮김 / 신국판 / 초판 1쇄 / 230쪽 / 7,000원
승리하는 그리스도인의 삶을 형성하기 위한 훈련 과정의 워크북으로, 개인적인 묵상뿐
만 아니라 소그룹에서 사용할 수 있는 훈련 교재로도 적합한 책.

예수님처럼 사랑하자

맥시 더남 지음 / 류명욱 옮김 / 신국판 / 초판 1쇄 / 202쪽 / 7,000원
사도 바울의 사랑장인 고린도전서 13장의 내용을 구체적으로 파악할 수 있고, 독자로
하여금 사랑할 수 있는 구체적인 사랑의 길로 인도하는 책.

죽음에 이르는 죄 어떻게 극복할 것인가

맥시 더남, 킴벌리 더남 레이스먼 지음 / 서대인 옮김 / 신국판 / 초판 1쇄 / 288쪽 / 7,000원
피할 수 없는 일곱 가지 죄가 우리의 삶에 어떻게 나타나며, 이러한 죄를 다루는 방법
을 제시하여 죄를 극복하게 하는 책.

중보기도

맥시 더남 지음 / 구교환 옮김 / 신국판 / 초판 1쇄 / 266쪽 / 7,000원
본서는 중보기도의 이해를 도울 뿐만 아니라, 개인이나 그룹이 중보기도를 실제로 하
게 하기 위한 구체적이고 실제적인 지침서.

<u>그리스도인들의 신앙 고백 / 전기</u>

거룩한 삶을 산 믿음의 영웅들

웨슬리 듀웰 지음 / 홍성철 옮김 / 신국판 / 초판 1쇄 / 312쪽 / 8,000원
거듭난 후 성령으로 충만함을 받은 경험을 하고 하나님이 사용하신 믿음의 영웅들 열
네 명의 전기집.

나는 어떻게 예수님을 만났는가?

홍성철 편집 / 신국판 / 초판 1쇄, 개정판 10쇄 / 332쪽 / 8,000원
각계 각층에서 그리스도의 향기를 진하게 풍기고 있는 21명의 신앙 고백을 기록한 책.

사망의 골짜기를 지날지라도

볼레터 스틸 크럼리 지음 / 유정순 옮김 / 신국판 / 초판 1쇄 / 158쪽 / 4,500원
말로 다 표현할 수 없는 인간의 비극 가운데서 하나님의 평강을 발견한 저자의 믿음과
용기에 관한 능력 있는 체험적인 이야기.

수잔나 존 웨슬리의 어머니

아놀드 댈리모어 지음 / 김석천 옮김 / 신국판 / 초판 2쇄 / 230쪽 / 6,000원
존과 찰스 웨슬리의 어머니 수잔나의 경건의 모범, 자녀 교육과 양육, 고난과 어려움을
이겨 풍성한 영적 유산을 남겨 준 이야기.

위대한 그리스도인들은 어떻게 성령의 충만을 받았는가
제임스 로슨 지음 / 홍성철 옮김 / 신국판 / 초판 2쇄 / 298쪽 / 7,000원
하나님의 장중에 사로잡혀 위대하게 살았던 20명의 감동적인 성령 충만의 체험담을
기록해 놓은 책.

존 웨슬리 그의 생애와 신학
로버트 G. 터틀 2세 지음 / 김석천 옮김 / 신국판 / 초판 1쇄 / 480쪽 / 13,000원
하나님께 전적으로 헌신하며 살았던 존 웨슬리의 이야기를 통해 독자를 예수 그리스
도의 충만한 믿음으로 인도하는 책.

하나님과 함께 한 스탠리 탬의 놀라운 모험
스탠리 탬 지음 / 류선욱 옮김 / 신국판 / 초판 1쇄 / 334쪽 / 8,500원
하나님의 주권을 인정할 때 얼마나 놀라운 모험을 할 수 있으며, 무엇보다도 영혼을
구원하는 일에 하나님의 동역자가 될 수 있음을 체험적으로 보여 준 책.

하나님의 회초리 능력을 위한 사랑의 매
스탠리 탬 지음 / 성미영 옮김 / 신국판 / 초판 1쇄 / 234쪽 / 6,500원
어떻게 하나님의 능력을 갖게 되고, 기도의 응답을 받으며, 매일 당면하는 문제를 초월
하여 승리하고, 열매 맺는 삶을 누릴 수 있는지를 체험적으로 쓴 책.

영어권 독자에게 추천할 책

How I Met Jesus
John Sung-Chul Hong 편집 / 신국판 / 초판 1쇄 / 296쪽 / $9.99 (10,000원)
『나는 어떻게 예수님을 만났는가?』의 영어판. 한국 평신도 남녀 각 5인, 한국 목사
5인 및 외국인 5인의 신앙 고백.

기독교 고전 시리즈 (1-16권 / 문고판 / 초판 2쇄 / 권당 1,500원)

1. 왜 하나님은 무디를 사용하셨는가　　　　R. A. 토레이 지음 / 홍성철 옮김

2. 보다 깊은 삶　　　　로버트 머레이 맥체인 지음 / 구교환 옮김

3. 하나님의 임재를 연습하라　　　　로렌스 형제 지음 / 이소연 옮김

4. 성결　　　　J. C. 라일 지음 / 서대인 옮김

5. 예수님을 위하여 선하게 증거하자　　　　존 왓슨 지음 / 이대규 옮김

6. 공격적인 기독교　　　　캐더린 부스 지음 / 염동팔 옮김

7. 구령자를 위한 권면　　　　호레시우스 보너 지음 / 최석원 옮김

8. 불타는 사랑　　　　블레즈 빠스칼 지음 / 곽춘희 옮김

9. 행동하는 믿음　　　　조지 뮬러 지음 / 송철웅 옮김

10. 하늘가는 마부　　　　존 번연 지음 / 문정일 옮김